숫타니파타를 읽는 즐거움
보경 스님의 친절한 해설

보경寶鏡 스님

송광사 출가 본사다. 선방에서 10년을 정진했다. 서울 법련사 주지, 조계종사회복지재단 상임이사, 보조사상연구원장을 지냈고, 동국대 대학원에서 〈수선사 연구〉로 박사학위를 받았으며 겸임교원으로 강의를 했다. 현재는 보조사상연구원 이사장을 맡고 있다.

일생 만 권 독서의 꿈, 불교의 인문학적 해석, 글로써 불교를 알리는 것을 평생의 일로 삼고 탑전에서 독서와 글쓰기에 전념하고 있다.

저서로는 『사는 즐거움』, 『이야기 숲을 거닐다』, 『행복한 기원』, 『인생을 바꾸는 하루 명상』 등의 에세이와 『기도하는 즐거움』, 『한 권으로 읽는 법화경』, 『선문염송 강설』, 『슬픔에 더 깊숙이 젖어라-42장경 강설』, 『원하고 행하니 이루어지더라-보현행원품 강설』, 『아함경에서 배우는 삶의 지혜』, 『수선사 연구』 등의 경전 해설서와 논서 다수가 있다. 최근엔 고양이 사계를 담은 3부작 『어느 날 고양이가 내게로 왔다』, 『고양이가 주는 행복, 기쁘게 유쾌하게』, 『고양이를 읽는 시간』 등이 있다.

숫타니파타를 읽는 즐거움

초판 1쇄 발행	2013년 5월 30일
초판 3쇄 발행	2023년 3월 15일
저자	보경寶鏡
펴낸이	윤재승
책임편집	사기순
편집	사기순, 김은지
홍보	윤효진
영업관리	김세정
펴낸곳	민족사
출판등록	1980년 5월 9일 제1-149호
주소	서울 종로구 수송동 58번지 두산위브파빌리온 1131호
전화	02-732-2403, 2404
팩스	02-739-7565
홈페이지	www.minjoksa.org
페이스북	www.facebook.com/minjoksa
이메일	minjoksabook@naver.com

ⓒ 보경, 2013. Printed in Seoul, Korea

ISBN 978-89-98742-07-2 03220

- 이 책 내용의 전부 또는 일부를 재사용하려면 반드시 저작권자와 출판사의 서면 동의를 받아야 합니다.
- 책값은 뒤표지에 있습니다. 잘못된 책은 바꿔 드립니다.

숫타니파타를 읽는 즐거움

보경 스님의
친절한 해설

민족사

책을 내며

파초는 귀가 없으나 천둥소리를 듣고 잎을 열고
해바라기는 눈이 없으나 해를 따라 움직인다.
芭蕉無耳聞雷聲 葵花無眼隨日轉
- 『대혜어록』

    지난겨울의 추위가 오래 머물렀던 만큼 봄이 더디 왔습니다. 그래도 어김없이 이 강산에 울긋불긋 예쁜 꽃들이 피어나고 있습니다. 세상은 자신의 의지로 살아야 하는 일면과 함께 내면에서 이끄는 힘으로 살아가는 법도 있습니다. 이 내면의 끌림을 불교에서는 '업'이라고도 하고 숙세에 익힌 '습기習氣'라고도 합니다. 업의 힘은 간단하지가 않습니다. 축축한 습기를 좋아하는 것도 있고 마른 땅을 좋아하는 것도 있습니다. 어떤 힘은 위로 오르려 하고, 또 어떤 힘은 아래로 내려가려 합니다. 각각의 근기가 다르고 익힌 습성이 다르기 때문에 세상은 다양한 존재의 방식이 존중될 때 더욱 풍부한 생명의 본성을 발휘합니다. 불교에서는 이 차이를 인정하기 때문에 자신의 특색을 잘 살려나가는 것이 행복으로 가는 비결임을 가르치고 권장합니다. 저는 불교의 이런 유연하고 자유로움이 좋습니다.

　이 봄에 저는 만학의 노고가 헛되지 않아 강단(동국대)에서 학생들과 함께 행복한 시간을 보내고 있습니다. 돌이켜보면, '나에게 맞고, 내가 가장 잘 할 수 있는 길이 무엇일까?' 하는 생각을 많이 했었는데, 책을 보고 글 쓸 때에 내면의 충만함을 느끼는 걸 보면 앞으로 걸어가야 할 길도 분명해집니다.

　파초는 귀가 없습니다. 그래도 천둥소리를 듣고 잎을 엽니다. 해바라기는 눈이 없습니다. 그래도 해를 따라 둥근 얼굴을 움직입니다. 이처럼 자연은 각자의 법이 있어서 그 방식에 따라 삶을 도모해 갑니다. 하물며 사람이야 얼마나 무궁무진한 창조적 삶을 펼쳐 보일 수 있겠습니까?

　진리를 깨달은 성인의 눈에는 중생들의 삶이 여간 답답해 보이지 않을 것입니다. 이런 성인의 말씀들은 자신들의 교설로 체계화되어 전해졌습니다. 그 중에서 불교는 이 세상의 어떤 종교보다 많은 경전과 논서들을 가지고 있습니다. 이런 전적들은 발생·유통의 시기에 따라 성격이 구분되어지는데, '초기경전'이라 일컬어지는 경전들이 부처님의 육성에 가장 가까울 것이라는 믿음은 어쩌면 당연한 것입니다.

　이 책은 초기경전에 해당하는 『숫타니파타』 해설집입니다. 매달 법련사 법회지에 연재하였던 것인데, 이기영 박사 『숫타니파타』를 저본으로 했다가 출간에 맞춰 여러 번역본을 참고하여 각 장의 핵심을 이루는 부분의 원문에 해설을 붙였습니다. 또 본래의 원고 양으로 하면 워낙 방대한 분량이 되기 때문에 전체적으로 손을 많이 봐야 했습니다. 이 과정에서 출판사의 절대적인 수고가 있었고, 이번까지 하면 벌써 세 번의 은혜를 민족사에 지게 되었습니다.

    이제, 행복한 마음으로 『숫타니파타』를 세상으로 떠나보냅니다. 이 『숫타니파타』가 모든 생명을 행복의 바다로 이끌어가기를 향축 드립니다.

계사년 초파일
법련사 일로향실에서
보경 합장

차례

책을 내며 _ 5

1. 처음의 장

뱀이 묵은 허물을 벗어버리듯 … 15
소치는 다니야 … 21
무소의 뿔처럼 혼자서 가라 … 33
나도 밭을 갈고 씨를 뿌린다 … 42
대장장이 춘다 … 52
파멸에 이르는 문 … 59
누가 비천한 사람인가 … 66
자비慈悲가 골고루 스미게 하라 … 74
눈 덮인 산에 사는 야차의 깨달음 … 78
알라바까 야차, 최상의 삶을 알게 되다 … 83
누가 승리자인가 … 88
진정한 성인聖人 … 91

2. 작은 장

진리의 보배로 축복 있으라 … 99
무엇이 불결한 음식인가 … 103
진실한 우정 … 107
위없는 행복 … 111
수킬로마 야차, 부처님을 시험하다 … 116
진리에 맞게 살라 … 121
진정한 수행자의 삶 … 124
진리의 문을 여는 법 … 129
어떻게 하면 최상의 목적에 도달할 수 있는가 … 133
부지런히 노력하라 … 138
라훌라야, 욕망의 유혹을 버려라 … 141
반기사의 질문에 답하다 … 146
바른 순례 … 151
제자 담미까의 물음에 답하다 … 157

3. 큰 장

그들은 왜 집을 버리고 출가出家하였을까 … 165
최선을 다해 정진하라 … 169
말을 잘하는 비결 … 174
불을 섬기는 사람 순다리까의 질문에 답하다 … 177
청년 마가의 물음에 답하다 … 181
방랑하는 구도자 사비야에게 길을 가리키다 … 184
바라문 셀라, 눈뜬 사람에게 귀의하다 … 192

독화살을 빨리 뽑아 버려라 … 199
행위에 의해 삶이 달라진다 … 204
비난하다가 지옥에 떨어진 꼬깔리야 … 209
홀로 가는 수행자 날라까의 질문에 답하다 … 214
두 가지 관찰 … 223

4. 시詩의 장

욕망을 비켜가는 법 … 231
동굴 속에서 벗어나 영혼의 자유를 얻으라 … 234
이웃종교인의 비난이 수행을 돕다 … 240
청정, 이 세상 누구도 오염시킬 수 없다 … 243
선입견을 버려야 진리의 길에 들어설 수 있다 … 246
이 세상은 끊임없이 변해 가고 있다 … 249
마이뚜나房事의 유혹을 뿌리쳐라 … 253
'이것만이 진리'라고 고집하는 이들과 상대하지 마라 … 256
마간디야의 질문에 답하시다 … 258
최고의 인간은 어떠한 사람인가 … 262
투쟁은 왜, 무엇 때문에 일어나고 있는가 … 266
문답, 그 첫째-진리를 알고 있는 사람은 논쟁하지 않는다 … 271
문답, 그 둘째-논쟁의 물결을 재우라 … 274
빠름 … 279
무기를 들지 마라 … 288
제자 사리불의 질문에 답하다 … 298

5. 피안의 장

서시 … 311
아지타의 질문에 답하시다 … 317
티사 메티야의 질문에 답하시다 … 320
푼나카의 질문에 답하시다 … 323
메타구의 질문에 답하시다 … 326
도타카의 질문에 답하시다 … 329
우파시바의 질문에 답하시다 … 333
난다의 질문에 답하시다 … 338
헤마카의 질문에 답하시다 … 341
토데야의 질문에 답하시다 … 344
깝빠의 질문에 답하시다 … 348
가투깐니의 질문에 답하시다 … 351
바드라부다의 질문에 답하시다 … 353
우다야의 질문에 답하시다 … 357
포살라의 질문에 답하시다 … 360
모가라자의 질문에 답하시다 … 362
핑기야의 질문에 답하시다 … 365
열여섯 바라문들의 질문에 대한 총정리 … 367

• 숫타니파타 해설 _ 373

1. 처음의 장

丁은의 힘

뱀이 묵은 허물을
벗어 버리듯

벗어 버리면 자유로워진다

몸에 퍼지는 뱀의 독을 약으로 다스리듯
화가 일어나는 것을 다스리는 사람은
이 세상과 저 세상을 다 버린다.
마치 뱀이 묵은 허물을 탈바꿈하여 벗어 버리듯.

연못에 들어가 연꽃을 꺾어내듯,
애욕을 다 끊어 버린 사람은
이 세상과 저 세상을 다 버린다.
마치 뱀이 묵은 허물을 탈바꿈하여 벗어 버리듯.

거세게 흐르는 이 욕망의 물줄기를

송두리째 다 말려 버린 사람은
이 세상과 저 세상을 다 버린다.
마치 뱀이 묵은 허물을 탈바꿈하여 벗어 버리듯.

약한 갈대 둑을 거센 물결이 무너뜨리듯
교만한 마음을 다 없애버린 사람은
이 세상과 저 세상을 다 버린다.
마치 뱀이 묵은 허물을 탈바꿈하여 벗어 버리듯.

『숫타니파타』의 첫 번째 장에 맨 처음 나오는 사품은 전체가 17게송으로 되어 있습니다. 수행에 방해가 되는 요소들을 경계시키고 아울러 일체가 허망하고 덧없음을 깨달아 수행의 굳건한 근간을 세우도록 하고 있으며, 수행을 해 나가는 데 있어 급하게 서두르거나 느슨해지지 말 것을 주의시키는 말씀입니다. 여기에 나오는 각각의 요소들이야말로 부처님께서 수행에 방해가 되는 것을 일깨워주신 것으로 받아들이면 이해가 훨씬 빠르겠습니다. 그 첫 시작이 화를 어떻게 다스리느냐는 것입니다.

불교에서는 탐·진·치를 삼독三毒이라 합니다. 독은 생명을 앗아가는 무서운 물질입니다. 분노와 화가 뱀의 독과 같다고 하셨습니다. 뱀의 독을 약으로 다스리듯이 수행자에게도 이를 해결할 약이 있습니다. 그 약은 바로 일체는 변하고 지나간다는 사실을 이해하는 것입니다. 일체는 변하니까, 화가 날지라도 잠시 숨을 고르고 기분을 누그러뜨리면 화는 서서히 소멸됩니다. 이는 누구에게든 대단히 유용한 삶의 지혜가 됩니다.

　　이 품이 「사품」이듯 '뱀의 허물'이 후렴으로 반복되고 있습니다. 뱀은 허물을 기쁜 마음으로 벗습니다. 뱀은 허물을 벗어야 성장할 수 있습니다. 벗어놓은 허물을 결코 아까워하거나 돌아보지 않습니다. 자기 치수보다 작은 옷을 선물 받으면 아무리 좋은 옷이라도 입지 못합니다. 몸집이 커가는 데 따라서 옷의 크기도 달라져야 합니다. 그와 같이 허물을 벗은 뱀처럼 수행자는 모든 괴로움을 극복하고 자유로워져야 합니다. 그 첫 감정이 분노이고 화입니다. 인간관계도 화 한 번 잘못 내면 원수로 변하고 맙니다.

분노에 사로잡혀 재앙을 자초하다

　　무화과나무 숲속에서 꽃을 구해도 얻을 수 없듯
　　모든 존재 속에서 견고한 것을 볼 수 없는 사람은
　　이 세상과 저 세상을 다 버린다.
　　마치 뱀이 묵은 허물을 탈바꿈하여 벗어 버리듯.

　　마음으로 화 내지 않고
　　이 세상의 부귀영화를 초월한 사람은
　　이 세상과 저 세상을 다 버린다.

마치 뱀이 묵은 허물을 탈바꿈하여 벗어 버리듯.

상념을 모두 태워버리고
마음을 잘 정돈한 사람은
이 세상과 저 세상을 다 버린다.
마치 뱀이 묵은 허물을 탈바꿈하여 벗어 버리듯.

본래 꽃을 피울 수 없는 나무는 아무리 기다려도 꽃을 피우지 못합니다. 처음부터 불가능한 일은 간절히 구한다 해도 결코 이뤄지지 않습니다. 분노라는 것은 헛된 번뇌 망상처럼 본래 없는 것인데, 분노에 사로잡혀 재앙을 자초하는 이들이 정말 많습니다. 인도의 우화에는 다음과 같은 이야기가 내려옵니다.

어느 밀림에 동물의 왕 사자가 살고 있었습니다. 사자는 닥치는 대로 많은 짐승들을 잡아먹었습니다. 늘 두려움에 떨던 동물들이 논의 끝에 사자에게 제안을 하였습니다.
"대왕이시여, 하루 한 번씩 저희가 순번을 정하여 식탁에 올라가겠사오니 한꺼번에 저희를 잡아먹지 마셨으면 합니다."
사자는 동물들의 제안에 흔쾌히 동의했습니다. 이제 동물들이 하루 한 마리씩 사라지기 시작했습니다. 어느 날 늙은 토끼의 차례가 되었습니다. 그는 이렇게 생각했습니다.
'두려움의 원인은 살고자 하는 욕망 때문이다. 아무런 희망도 없

이 어차피 죽을 운명이라면 사자에게 굴종할 필요도 없다. 그렇다면 천천히 가자.'

토끼를 기다리던 사자는 몹시 허기가 졌습니다. 화가 치민 사자가 토끼를 다그쳤습니다.

"그대는 왜 그렇게 늦게 왔단 말이냐."

토끼가 대답했습니다.

"제 잘못이 아닙니다. 오는 길에 다른 사자에게 붙잡혔습니다. 그에게 다시 오겠다 하고 대왕님께 보고하러 왔습니다."

사자가 이 말에 몹시 격분했습니다.

"당장 가서 그놈을 보자꾸나. 대체 어떤 놈이 내 먹을 것을 가로채려 했단 말이냐."

토끼는 서두르지 않고 앞장서 걷더니 우물가에 도착했습니다.

"대왕님, 이리 오셔서 그 자의 모습을 보십시오."

사자가 우물 속을 들여 봤더니 험상궂게 생긴 사자 한 마리가 자신을 노려보고 있었습니다. 물에 비친 사자가 자신인 줄 알 턱이 없는 사자는 즉시 우물 속으로 뛰어들고 말았습니다.

이 우화는 분노가 얼마나 위험한지 일깨워 줍니다. 어리석음도 위험하고 탐욕도 위험하지만 분노는 자기 목숨을 위협할 정도로 위험합니다. 결국 지나가고 말 것을 붙들고 집착하는 마음도 마찬가지입니다. 세상에 영원한 것은 없습니다. 탐내고 성내고 어리석은 탐진치貪瞋痴 삼독심에서 벗어나면 그대로 행복해집니다.

때가 무르익어야 변화할 수 있다

너무 빨리 달려가지도 않고 느리지도 않으며
망령된 생각을 완전히 초월한 사람은
이 세상과 저 세상을 다 버린다.
마치 뱀이 묵은 허물을 탈바꿈하여 벗어 버리듯.

너무 빨리 달려가지도 않고 느리지도 않으며
이 세상 모든 것이 허망하다는 것을 아는 사람은
이 세상과 저 세상을 다 버린다.
마치 뱀이 묵은 허물을 탈바꿈하여 벗어 버리듯.

수행에 완급을 조절하라는 불교의 가르침을 잘 이해해야 합니다. 모든 것은 때가 무르익어야 깊은 차원으로의 변화가 생깁니다. 자신의 생각을 익히고 단련하는 길은 시간과의 줄다리기입니다. 이를 이기지 못하면 세상일을 성취하기 힘듭니다.

말을 하는 데도 때가 있습니다. 조급하면 때가 이르게 되고 너무 상황을 재다 보면 기회를 놓치게 됩니다. 불교를 고행의 종교로 오해하는 분들이 많은데 결코 그렇지 않습니다. 왜냐하면 부처님은 사람마다 성격이 다르고 능력이 다르므로 그 능력에 따라 수행의 강도와 완급을 조절하라고 말씀하셨기 때문입니다. 적절하고 조화로운 정신이 삶의 큰 축복임을 기억하시기 바랍니다.

소 치는 다니야

소치는 다니야가 말했다 :
나는 벌써 밥도 다 지었고 소젖도 다 짜 놓았다.
나는 마히 강(큰 강) 가 기슭에서 내 가족과 함께 살고 있다.
움막의 지붕도 이었고, 방안에 불도 이미 지펴 놓았다.
하늘이여, 비를 내리기 원한다면 얼마든지 내려라.

스승(부처)이 대답하셨다 :
나는 노여움과 마음의 완고한 미혹에서 벗어났다.
마히 강가 기슭에서 하룻밤을 쉬리라.
내 작은 움막(몸)은 드러나고, 탐욕의 불은 꺼졌다.
하늘이여, 비를 내리기 원한다면 얼마든지 내려라.

소치는 다니야가 말했다 :

모기도 없고, 쇠파리도 없으며,
소들은 늪가에 우거진 풀을 먹고 다니니
비가 내려도 그들은 능히 견디고 참을 것이다.
하늘이여, 비를 내리기 원한다면 얼마든지 내려라.

스승이 대답하셨다 :
나는 벌써 뗏목을 엮어 잘 만들어졌다.
이미 거센 흐름을 극복하여
저 강 건너 니르바나(열반)의 기슭에 이르렀다.
이제는 더 이상 뗏목이 필요없다.
하늘이여, 비를 내리기 원한다면 얼마든지 내려라.

소치는 다니야가 말했다 :
내 아내는 온순하며 음탕하지 않다.
오랫동안 같이 살아왔지만 늘 내 마음에 흡족하다.
그녀에게는 어떤 나쁜 말도 들어본 적이 없으니
하늘이여, 비를 내리기 원한다면 얼마든지 내려라.

스승이 대답하셨다 :
내 마음은 온순하고 자유를 얻었다.
오랫동안 수행했으므로 아주 잘 갈무리되어 있다.
내게는 이제 어떠한 악도 없다.

하늘이여, 비를 내리기 원한다면 얼마든지 내려라.

소치는 다니야가 말했다 :
나는 스스로 일하여 내 힘으로 살아가고 있다.
내 아들 딸들은 모두 건강하게 자라고 있다.
그들에 관한 어떤 나쁜 말도 들어본 적 없으니
하늘이여, 비를 내리기 원한다면 얼마든지 내려라.

스승이 대답하셨다 :
나는 결코 일꾼을 고용하지 않는다.
나는 나 스스로 얻은 것으로 온 세상을 걸어간다.
나는 남에게 고용될 필요가 없으니
하늘이여, 비를 내리기를 원한다면 얼마든지 내려라.

소치는 다니야가 말했다 :
내게는 아직 길들여지지 않은 송아지도 있고,
젖을 먹는 송아지도 있다.
새끼를 가진 암소도 있고, 발정이 난 암소도 있다.
그리고 이 암소들의 주인인 숫소도 있으니
하늘이여, 비를 내리기 원한다면 얼마든지 내려라.

스승이 답했다 :

내게는 길들지 않은 송아지도 없고, 젖 먹는 송아지도 없다.
새끼를 가진 암소도 없고, 발정이 난 암소도 없다.
그리고 이 암소들의 주인인 수소도 없으니
하늘이여, 비를 내리기 원한다면 얼마든지 내려라.

소치는 다니야가 말했다 :
소 말뚝은 든든히 박혀 흔들리지 않는다.
문쟈풀로 만든 새 고삐는 잘 꼰 것이니 송아지도 끊을 수 없다.
하늘이여, 비를 내리기 원한다면 얼마든지 내려라.

스승이 대답하셨다 :
나는 황소처럼 고삐를 끊고
코끼리처럼 냄새 나는 덩쿨 풀을 짓밟고
나는 이제 다시는 모태에 들어가지 않을 것이다.
하늘이여, 비를 내리기 원한다면 얼마든지 내려라.

그때 큰 구름이 비를 내려 평야와 언덕에 물이 넘쳐흘렀다.
하늘이 내리는 빗소리를 듣고 다니야가 이 일을 말했다.

다니야 :
저희는 거룩한 스승에게서 참으로 많은 것을 배웠습니다.
지혜의 눈이 있는 이여, 저희는 당신께 귀의하겠습니다.

저희 스승이 되어주소서. 오, 위대하신 성자여.
아내도 나와 함께 온순하고 행복한 분(佛) 곁에서
깨끗한 마음과 올바른 행실을 닦겠습니다.
삶과 죽음의 저 언덕에 이르러
괴로움을 없애는 자가 될 것입니다.

이때 마라(파피만)는 이렇게 말했다 :
자녀가 있는 사람은 자녀로 인하여 기뻐하고
소를 가진 사람은 소로 인하여 기뻐한다.
사람이 집착하는 바탕은 기쁨이다.
집착하는 바탕이 없는 사람은 참으로 기쁜 일도 없으리라.

스승이 대답하셨다 :
자녀를 가진 사람은 자녀로 말미암아 걱정하고,
소를 가진 사람은 소로 말미암아 걱정한다.
참으로 사람이 집착하는 바탕은 근심 걱정이다.
집착하는 바탕이 없는 사람은 근심할 일이 없다.

부처님과 소 치는 다니야의 대화 내용을 보면서 무슨 생각을 하셨습니까? 두 분의 대화는 목표점이 조금 다릅니다. 세속과 출세간, 중생들이 살아가는 세계와 불법의 세계가 어떻게 갈라지는지 아주 쉽게 알아볼 수 있습니다. 세속의 힘은 끌어당기는 데 있습니다. 가족, 재물, 명성에 대한 집착이 그것입니다. 그리고 그것을 집념을 가지고 유지하고 보존하려고 합니다. 세속은 이 끈끈한 힘으로 존재한다 해도 과언이 아닙니다.

이와 반대로 성스러움의 힘은 세상을 벗어나고 초월하려는 데 있습니다. 부처님은 제자들과 함께 탁발에 의지하였습니다. '비구'는 '걸식하는 사람'이라는 뜻입니다. 보통사람들은 얻어먹으면 수치스럽게 생각하지만 부처님과 제자들은 오히려 이 생활에 만족하며 살았습니다. 탁발은 불교의 수행 전통입니다. 지금도 태국이나 미얀마, 스리랑카 같은 남방불교권에서는 탁발로 공양을 해결합니다. 극도의 무소유를 보여주는 것입니다. 또한 탁발은 자신을 낮추는 수행으로도 매우 효과적입니다. 아만심이 높은 사람은 탁발을 부끄럽게 생각할 것입니다. 이런 마음을 벗어던져야 비로소 진실한 마음이 드러납니다.

경전의 표현으로 미루어 보건대 다니야는 참으로 성실한 사람인 것 같습니다. 미리미리 가축의 젖을 짜고 지붕을 튼튼히 엮어두고 안에는 등불을 켜 놓았으니 비바람이 몰아친다 해도 아무 걱정이 없어 보입니다. 이 구절을 보니 어렸을 때 일이 생각나는군요. 어른들은 비가 오기 전에 비설거지를 서두릅니다. 장마철이나 태풍이 불어올 때는 잔뜩 긴장하여 이곳저곳을 살피던 모습이 떠오릅니다. 다니야는 매사에 철저히 대비를 하는 사람이었는가 봅니다. "하늘이여, 비를 내리기 원한다면 얼마든지 내려라" 하고 자신 있게 말하는 것만 보아도 잘 알 수 있습니다.

여기에서 비는 세상에서 부딪치는 갖가지 시련으로 생각할 수 있습니다. 이에 대해 부처님께서는 수행자의 비설거지를 말씀하십니다. 바로 탐내고 성내고 어리석은 삼독의 불길이 다 꺼졌기에 어떠한 근심 걱정도 없다는 말씀입니다. 불교에서는 탐진치를 삼독이라 표현하여 매우 경계합니다. 독은 위험합니다. 자신도 위험하고 남도 위험하게 합니다. 그래서 인생살이에 있어 삼독심을 다스리는 일이 가장 중요하다고 할 수 있습니다. 부처님은 삼독심을 떨쳐냈기 때문에 모든 불안이 소멸되어 영원한 마음의 평온과 안락을 이루셨습니다. 그러니 무슨 걱정이 있겠습니까?

한편 다니야는 가축을 잘 돌보고 있다는 것을 은연중 암시하고 있습니다. 예로부터 가축은 집안의 큰 재산이었습니다. 누군가 재산을 물으면 가축의 수로써 답하는 경우도 많았습니다. 한자의 '아름다울 미美'자를 생각해 보면 미소가 절로 납니다. 미는 양 양羊 +큰 대大로 만들어진 글자입니다. 양이나 가축은 재산입니다. 양이 커간다는 것은 재산이 불어난다는 뜻이고, 재산이 늘어나니 얼마나 좋겠습니까? "곳간에서 인심 난다"는 말이 있듯, 재산이 있어야 베풀 수도 있습니다. 그래서 옛 사람들은 재산의 증식은 좋고 아름답고 진실된 일이라고 생각했습니다. 정당한 방법으로 재산을 모으고 잘 베풀면 아름다운 삶이 됩니다.

생각을 넘어 희로애락을 극복하라

다니야는 참으로 선량한 사람입니다. 이렇듯 단순하고 착하게 살아가는 사람을 보면 오늘날의 우리는 많이 부끄럽습니다. 부처님은 다니야의 말에 다시 답을 합니다. 부처님의 진실한 삶은 이미 세상을 넘어갔습니다. 피안은 '저 언덕 너머'입니다. '언덕'은 중생들이 사는 사바세계입니다. 세상의 고뇌에서 벗어나려면 반드시 저 언덕으로 넘어가야 합니다. 반야심경에도 나오는 '반야바라밀'이 바로 피안입니다. '반야바라밀'을 외우면 놀라운 일이 일어납니다. 이 말 자체가 하나의 주문呪文입니다.

> 일체에 장애가 없고 장애가 없는 까닭에
> 두려움도 없고 거꾸로 된 생각을 멀리 여의면
> 이것이 최후의 번뇌가 소멸된 열반이며
> 삼세의 모든 부처님이 의지하시는 반야바라밀이다.

> 반야바라밀은 크고 신묘한 주문이며
> 대 광명의 주문이며 최상의 주문이며
> 어디에도 비길 데 없는 오직 하나의 주문이며
> 능히 일체의 괴로움을 소멸하나니 진실하여 허망하지 않도다.
> 그러므로 반야바라밀이라 한다.

피안으로 넘어가는 것은 실생활에서도 아주 유용한 원리입니다. 살다 보면 음식에 대한 욕구나 물건을 사고 싶은 욕구가 간절해질 때가 있습니다. 이때 그 욕구를 이겨내지 못하면 결국 일을 저지르고 맙니다. 술도 과하게 마시고 음식도 과하게 먹고 난 뒤에는 육신의 고통밖에 남지 않습니다.

게으름도 마찬가지입니다. 남보다 잘 살고 싶으면 더 많이 움직이고 궁리를 해야 합니다. 그런데 마음으로는 앞서가지만 행동으로는 옮기지 않는 사람들이 많습니다. 이 모든 것이 바로 반야바라밀이 없기 때문입니다.

반야바라밀이 있으면 번뇌가 없어지고 행복해집니다. 반야바라밀이 있으면 이생에서도 행복하고 다음 생에서도 행복합니다. 부처님이 말씀하시는 피안은 마음의 욕망과 갈등을 이겨낸 까닭에 저 언덕으로 마음이 초월되어 넘어가버렸으니 일체의 번뇌와 걱정이 없다는 말씀입니다. 반야바라밀은 생활이 되어야 합니다. 이 말을 외우는 것이 그 시작입니다. 입으로는 항상 염불하는 습관을 들여 외워 가다 보면 자신도 모르는 사이에 반야바라밀이 깊숙이 배어들고 생활 속에서 실천하게 되는 것입니다.

사람에 대한 감정도 반야바라밀로 극복할 수 있습니다. 일본의 도쿠가와 시대의 인물인 반케이 선사(1622~1692)가 다음과 같은 설법을 했습니다.

며느리가 밉다, 시어머니가 밉다는 이야기를 자주 듣는데 사실은 며느리가 미운 것이 아니다. 시어머니가 미운 것도 아니다. 며느리의 그때 그 행동이 내 마음을 섭섭하게 했고, 시어머니가 그때 이런 말씀으로 나를 울렸고, 어느 때의 심한 행동이 나에게 모욕을 안겼다는 기억이 미운 것이다. 기억만 버린다면 며느리를 미워할 일도 없고 시어머니를 미워할 일도 없는 것이다.

이처럼 삶의 희로애락은 우리의 기억과 상상이 문제이고 욕망이 문제입니다. 이 모든 것이 기억과 생각을 넘음으로써 극복할 수 있습니다. 그때 비로소 진리의 말씀도 제대로 들어오게 됩니다.

가족의 사랑과 기쁨에서 더 나아가면…

가정을 잘 꾸려서 가족을 행복하게 해 주는 것이 다니야에게는 큰 즐거움이자 삶의 목적입니다.

얼마 전에 목욕탕에서 팔이 하나 없는 사람을 보았습니다. 그 사람을 보는 순간 많은 생각이 들었습니다. 과연 이 세상의 어떤 부귀영화를 얻는 대가로 나의 몸 일부를 내놓을 수 있겠는가? 나는 없으면 없는 대로, 부족하면 부족한 대로, 책 보고 글 쓰고 법문하고 나와 남을 이롭게 하며 살아가는 것으로도 충분하기 때문에 더 큰 무엇을 위한 대가를 지불하고 싶지 않았습니다.

세간에 살아가는 사람도 마찬가지일 것입니다. 가족의 희생으로 얻는 것이 과연 행복하겠습니까? 당연히 거부해야 합니다. 가족끼리 서로 위하고 위안 받으며 살아가면 됩니다. 기죽을 일도 없고, 못났다고 자책할 필요도 없습니다. 당당하게 자신의 삶을 가꾸어 가면 됩니다. 다니야는 이런 소중함을 아는 사람입니다.

그러나 부처님의 설법은 다니야의 이러한 행복을 넘어섭니다. 부처님께서는 어떤 나쁜 점도 없다고 했습니다. 불교에서는 육신을 조복 받고 마음을 조복 받는다는 표현을 자주 씁니다. 조복은 달리 표현하면 다스린다는 것입니다. 무엇보다 마음을 조복 받아야 편안한 삶을 영위할 수 있습니다. 부처님의 행복 또한 마음의 조복 덕분입니다. 나아가 남의 힘을 빌지 않고 스스로의 길을 갈 수 있는 것은 큰 축복입니다. 부처님은 이 대화에서 가족뿐만 아니라 마음까지도 극복하였음을 말씀하고 계십니다.

다니야는 "하늘이여, 비를 내리고 싶거든 내려라"라고 큰소리를 쳤지만, 실제로 비바람이 몰아치며 물이 넘쳐나자 두려운 마음이 들면서 부처님의 말씀이 옳다는 것을 깨달았습니다. 그는 가족과 더불어 부처님께 귀의할 것을 서원합니다. 이 진실한 귀의는 나를 살리고 남을 살리는 대 해탈 · 열반의 공덕이 됩니다.

한편 부처님께서 마지막에 악마 파피만이 세간의 즐거움에 대해 이야기 하자 그 즐거움의 원천으로 생각했던 모든 것이 결국은 괴로움과 구속의 근원이 된다는 가르침을 펴고 계십니다.

에도 초기 조동종의 에쿤 후가이 선사는 "출가도 어렵지만 출가한 뒤에 다시 절을 나오는 것이 더욱 어렵다"라고 했습니다.

순간순간 자신의 운명을 넘어설 수 있는 용기를 지녀야 합니다. 그렇게 될 때 세상이 험난하지 않을 것입니다. 그 어떤 안락에도 머물지 않고 일체 생명의 행복을 위해 자비를 베풀 수 있어야 합니다. 그럴 때 더욱 낮아지고 거친 세상으로 들어갈 수 있습니다.

무소의 뿔처럼
혼자서 가라

쓸데없는 일로 에너지를 소모하지 말라

살아 있는 것들에게 폭력을 쓰지 말라.
살아 있는 것들을 괴롭히지 마라.
많은 아들딸을 바라지 말라. 하물며 친구에 있어서랴.
저 무소의 뿔처럼 혼자서 가라.

숲속에서 자유로운 사슴이 먹이를 찾아 가고 싶은 대로 가듯
지혜로운 이는 그 자신의 독립 자유의 길을 향하여
저 무소의 뿔처럼 혼자서 가라.

사방 어느 곳이나 가고 싶은 대로 가라.
남을 해치려는 마음은 갖지 마라.

무엇을 얻든 그것으로 만족하라.
모든 고난을 견뎌 이겨내며 두려움 없이
저 무소의 뿔처럼 혼자서 가라.

불교를 알든 모르든 "무소의 뿔처럼 혼자서 가라"라는 말을 들어보셨을 것입니다. 무소는 코뿔소를 말합니다. 우리는 개수가 한정되어 있으면 불안해합니다. 물건이 부족하다 싶으면 사재기를 하는 심리를 유추해 보면 됩니다. 사람으로 인하여 상처받고 괴로워하면서도 정작 사람을 떠난다는 것은 상상조차 하기 싫어합니다. 하지만 무소는 뿔 하나로도 부족함을 느끼지 않습니다. 부처님께서는 당신의 제자들에게 무소의 뿔처럼 당당하게 살아가라고 강조하셨습니다.

불교의 출가주의는 힌두교뿐만 아니라 서양의 다른 종교와 차별성을 갖습니다. 스님들은 삭발하고 가사를 입고, 출가자들이 함께 모여 대중생활을 합니다. 철저하게 세상에 대해 '포기(renunciation)'가 된 사람만이 이 길을 갈 수 있습니다.

출가주의를 허무주의나 염세주의로 오해하는 분들도 있는데 절대 그렇지 않습니다. 자신의 모든 것을 버리고 오로지 자비행을 실천하기 위해 출가하는 것이야말로 가장 적극적인 종교적 표현입니다. 종교는 사랑과 봉사와 희생이 생명입니다. 그래서 라마크리슈나를 이어 근현대사에 힌두교단을 새롭게 출발시켰던 비베카난다 같은 분은 석가모니 부처님을 가장 적극적인 실천수행자로 꼽습니다. 부처님께서 무소의 뿔처럼 홀로 가라고 하신 것은 세속의 욕망으로 세월을 허비할 수 없기 때문입니다. 자기의 일에 정열적인 사람은 결코 쓸데없는 일로 에너지를 소모하지 않습니다.

또한 불자는 어떤 경우라도 폭력을 쓰지 말아야 합니다. 폭력은 폭력을 부릅니다. 나 자신부터 악행을 다스리지 않으면 상대의 악행으로부터 자유로워지지 않습니다. 자신에게 싫은 것을 남에게 요구하지 말고, 어떤 경우라도 유쾌하지 않는 일을 만들지 말고 심신을 맑고 청정하게 유지해야 합니다.

저는 "사방 어느 곳이나 가고 싶은 대로 가라. 남을 해치려는 마음은 갖지 말고 무엇을 얻든 그것으로 만족하라"라는 이 구절이 참 좋습니다. 하루 종일 들여다보고 있어도 지루하지 않습니다. 정말 이렇게 살고 싶습니다. 불안한 사람은 잠시도 가만 있지 못합니다. 눈동자만 봐도 알 수 있습니다. 기도와 수행이 잘 된 사람은 고요하고 눈동자가 흔들리지 않습니다. 젊어서부터 참선수행을 했다는 고故 스티브잡스 같은 분은 눈빛이 깊고 그윽합니다.

해치려는 마음을 갖지 말라고 했는데, 자기와는 무관하다 여기는 사람이 많을 것입니다. 하지만 마음으로 다른 사람을 무시하고 깔보는 것도 해치는 것에 해당합니다. 많은 것을 가진 사람들, 권력을 차지한 사람들, 또는 아예 정반대의 사람들이 특히 조심해야 합니다. 누가 누구를 해치고 다스릴 권리를 갖는단 말입니까? 누구든지 상대를 귀하게 여기고 만족하십시오. 그러면 모든 고난을 이겨내 두려움이 사라집니다.

출가는 인도 고유의 수행전통

만일 현명하고 올바른 벗을 얻었다면
어떠한 위험에서도 벗어날 수 있으리니,
편안하고 넉넉한 마음으로 그들과 무리지어 함께 가라.

힘이 센 코끼리가 그 무리를 떠나
숲속을 한가로이 거닐 듯이, 무소의 뿔처럼 혼자서 가라.

탐내지 말고 속이지 말라. 그리고 조금도 조급해하지 말라.
이 혼탁과 미망을 남김없이 씻어버리고
이 세상의 모든 욕망에서 벗어나, 무소의 뿔처럼 혼자서 가라.

출가주의는 인도의 고유한 수행전통입니다. 힌두교에서는 인생을 네 단계로 나눠 삶을 영위하라고 합니다. 출가주의의 원형이 여기에서 비롯되므로 기억해 두면 좋겠습니다. '생활단계' 또는 '생활주기'를 뜻하는 아슈라마에 따르면, 인간의 일생은 네 시기로 나눌 수 있습니다. 학생기學生期(vanaprastha), 가주기家住期(grhastha), 임주기林住期(vanaprastha), 유행기遊行期(sannyasa)인데, 이들 네 가지 생활 단계에는 각 시기에 따라 의무와 기능이 규정되어 있어 인간의 본능적인 생활을 자제하고 해탈로 인도한다고 믿어왔습니다.

① 학생기

이 시기는 입문식에서 시작됩니다. 일반적으로 카스트 가운데 브라흐마나, 크샤트리야, 바이샤의 상위 세 계급을 재생족再生族(dvija)이라 합니다. 재생족이란 말 그대로 다시 태어난다는 뜻입니다. 첫 번째 태어남은 육체적인 탄생입니다. 두 번째 태어남은 인생의 통과의례 가운데 하나인 입문식을 거쳐 사회적으로 태어나는 것을 말합니다. 사회적으로 태어난다는 것은 부모에 따라 자신의 사회적 계급을 자리 매김한다는 뜻인데, 예를 들면 부모가 브라흐만 계급이면 자신도 브라흐만 계급이고, 부모가 크샤트리야 계급이면 자신도 크샤트리야가 됩니다.

입문식은 보통 브라흐만 계급은 8세, 크샤트리야 계급은 11세, 바이샤 계급은 12세 때에 행해집니다. 이 의식을 마치면 스승의 집에 머물며 스승으로부터 베다의 가르침을 배우게 될 때를 기다립니다. 스승이 그의 열의를 인정해 주면 비로소 인도 고전인 베다(Veda)를 학습하기 시작합니다. 이 기간의 학생 생활은 『다르마 수트라』나 『스므리티』에 규정된 지적 수련을 하며 인격적·윤리적인 생활에 익숙해지는 것을 중심으로 합니다.

② 가주기

학생기를 마치고 20세쯤에 집으로 돌아와 결혼하여 자식을 낳아 조상의 은혜에 보답하고, 제사로써 신들에게 보답하며, 배운 것을 전승하여 스승에게 보답하는 시기입니다. 『마누법전』에 따르면, 결혼한 남자는 브라흐만, 조상, 신, 귀신, 인간에 대한 제사를 지내야 합니다.

　　베다를 독송하여 브라흐만을 만족하게 하고, 조상에게 제사를 지내며, 신들에게는 호마제를 행하고, 귀신에게는 발리 희생제를 행하며, 마지막으로 인간에게는 손님으로서 깍듯하게 향응을 베풀어 줍니다. 힌두의 가정생활과 사회생활은 이 같은 제사에 대한 사고방식에 바탕을 둔 것입니다.

　　③ 임주기
　　숲 속으로 들어가 은거하면서 명상과 금욕 생활을 합니다. 즉 세속을 떠나 청정한 종교 생활을 하는 시기입니다. 이 시기는 가정이나 사회적 관계를 버리기 위한 준비 단계로서 자기 자신을 위한 수행 생활이 중심이 됩니다. 부인은 아들에게 맡기거나 동반하고, 임주기에 들어간 자는 숲 속에서 구할 수 있는 풀뿌리나 과일로 배를 채우고 동물의 털이나 나무껍질을 몸에 두르며, 여름에는 뜨거운 태양열에 몸을 태우고 우기에는 노천에서 생활해야 합니다.

　　④ 유행기
　　숲 속에서 수행을 마치고 촌락이나 읍내를 탁발하며 돌아다니는 시기입니다. 이때에는 일체의 사회적 유대 관계를 끊고 현세의 삶을 포기한 채 오로지 해탈의 세계만을 추구합니다. 이 인생의 마지막 단계에서는 지혜를 통해 이룰 수 있는 마지막 목적에 도달하고자 하며, 절대자와의 초월적 합일을 추구합니다. 그리고 그 체험은 깊은 명상 중에 이루어집니다.

이와 같이 인생을 네 단계로 나누는 구상은 브라흐만의 입장에 따른 것으로 인도 민중 전체의 생활을 규제하기 위해 이루어진 것은 아닙니다. 하지만 이 이론이 형성된 이래 정통파에 속한 모든 사람들이 인정했으며 이 아슈라마 카스트 제도는 오랫동안 인도의 사회생활과 가정생활의 기준이 되어 왔습니다.

자신이 할 수 있는 일에 집중하라

소리에 놀라지 않는 사자처럼
그물에 걸리지 않는 바람처럼
진흙탕에 더럽히지 않는 연꽃처럼
저 무소의 뿔처럼 혼자서 가라.

사람들은 자기 이익을 위해 사귀고 또 남에게 봉사한다.
오늘 이익을 생각지 않는 친구를 얻기 힘들다.
자기 이익만을 아는 사람은 마음이 순수하지 않으니
저 무소의 뿔처럼 혼자서 가라.

어디에도 의지하지 않는 고결한 정신을 사자의 당당한 모습에 비유하여 설하고 있습니다. 세상의 가장 큰 힘은 정의에서 나옵니다. 정의롭지 못하면 항상 불안합니다. 바람은 그물에 걸리지 않습니다. 연꽃이 진흙 속에 뿌리를 내리고 살아가지만 흙탕물에 물들지 않고 예쁜 꽃을 피워 올립니다. 수행자도 세상 속에 살아가지만 물들지 않는 영혼을 지닌 사람만이 무소의 뿔처럼 홀로 갈 수 있습니다.

수행자는 돌보고 위해야 할 몸이 이미 없습니다. 수행자에겐 오직 사랑과 봉사와 헌신만이 존재합니다. 자신의 이익에만 눈이 먼 사람은 추해 보입니다. 남을 위해 일하는 사람은 거룩해 보입니다. 인간은 본래 거룩한 가치를 갖추고 있습니다. 그런데 요즘엔 욕망에 사로잡혀 거룩한 자신의 존재 가치를 망각한 사람들이 눈에 자주 뜨입니다. 아름다운 인생, 추한 인생 다 자기 자신의 마음 씀과 행동에 달려 있습니다.

유트족 인디언들의 노래는 많은 생각을 하게 합니다.

풀잎들이 햇빛 속에 고요히 있듯이
대지는 내게 침묵을 가르쳐 주네.
오래된 돌들이 기억으로 고통 받듯이
대지는 내게 고통을 가르쳐 주네.
꽃들이 처음부터 겸허하게 피어나듯이
대지는 내게 겸허함을 가르쳐 주네.

어미가 어린 것들을 안전하게 돌보듯이
대지는 내게 보살핌을 가르쳐 주네.
나무가 홀로 서 있듯이
대지는 내게 용기를 가르쳐 주네.
땅 위를 기어가는 개미들처럼
대지는 내게 한계를 가르쳐 주네.
하늘을 쏘는 독수리처럼
대지는 내게 자유를 가르쳐 주네.
가을이면 떨어져 생명을 마감하는 잎사귀들처럼
대지는 내게 떠남을 가르쳐 주고,
봄이면 다시 싹을 틔우는 씨앗처럼
대지는 내게 부활을 가르쳐 주네.
눈이 녹으면서 자신을 버리듯이
대지는 내게 버리는 법을 알려 주네.
마른 평원이 비에 젖듯이
대지는 내게 친절을 기억하는 법을 알려 주네.

땅이 파헤쳐지면 제일 먼저 이끼가 자리를 잡는다고 합니다. 이 이끼가 대지에게는 반창고 역할을 합니다. 이끼는 가장 낮은 데서 세상을 보호하고 말없이 덮어주며 대지의 새살을 돋게 합니다. 생명을 사랑하고, 다툼과 탐욕을 싫어하는 분들이야말로 이끼 같은 존재가 아닐까 합니다.

나도 밭을 갈고
씨를 뿌린다

나는 이와 같이 들었다.

어느 때 스승께서는 마가다국(지금 인도의 라즈기르) 남쪽 산기슭에 있는 '한 포기 띠'라고 하는 바라문 촌락에 계셨다. 그때 밭을 갈고 있던 바라문 바라드바자는 씨를 뿌리려고 오백 개의 쟁기를 소에 메웠다. 그때 스승께서는 이른 아침에 바리때와 가사를 걸치시고 밭을 갈고 있는 바라문 바라드바자가 일하는 곳으로 가셨다. 때마침 그는 음식을 나누어 주고 있었다. 스승께서도 음식을 나눠주는 곳에 가서 그 옆에 섰다. 밭을 가는 바라문 바라드바자는 음식을 받기 위해서 서 있는 스승을 보고 말했다.

"길 가는 나그네여, 나는 밭을 갈고 씨를 심습니다. 밭을 갈고 씨를 심은 다음에 먹습니다. 당신도 밭을 갈고 씨를 심으시오. 밭을 갈고 씨를 심은 다음에 잡수시오."

스승은 대답하셨다.

"바라문이여, 나도 밭을 갈고 씨를 심습니다. 밭을 갈고 씨를 심은 다음에 먹습니다."
바라문이 말했다.
"그러나 우리는 당신 고타마(부처님)의 멍에도 쟁기도 호미도 호미날도 작대기도 소도 본 일이 없소. 그런데 당신은 어째서 '바라문이여, 나도 밭을 갈고 씨를 심는다. 밭을 갈고 씨를 심은 다음에 먹는다'고 하십니까?"
밭을 갈던 바라문 바라드바자는 시로써 스승에게 여쭈었다.

"그대는 스스로 농부라고 말씀하지만
우리는 밭일 하는 그대를 본 적이 없소.
당신이 농사를 짓는다는 게 무엇인지
우리들이 알 수 있도록 말씀해 주십시오."

스승은 대답하셨다.

"신앙은 씨앗이요, 고행은 비, 지혜는 내 멍에와 호미요,
부끄러운 마음은 괭이자루, 의지는 쟁기를 매는 밧줄이요,
매사에 생각이 깊은 것은 호미날과 작대기요,

몸을 삼가고 말을 조심하며 음식을 절제하여 과식하지 아니하오.
그리고 나는 진실을 거둬들이오.

또한 유화(柔和)가 소를 멍에에서 떼어 놓는 일이오.

노력은 나의 '황소', 이 소가 마침내 안온한 경지로 실어다 주오.
물러나지 않고 앞으로 굳게 나아가고,
니르바나, 저 언덕에 이르면 근심 걱정이 더 이상 없게 되오.

나는 이와 같이 농사를 지어서 단이슬의 보답을 가져 오오.
나처럼 농사를 지으면 모든 고뇌에서 해방될 것이오."

그때 밭을 가는 바라문 바라드바자는 커다란 놋그릇에 우유죽을 가득 담아서 스승(부처님)께 올렸다.
"고타마여, 우유죽을 드십시오. 당신이야말로 진정한 농부이십니다. 고타마 당신은 단이슬의 보답을 가져다주는 농사를 지으십니다."
"바라문이여, 시를 읊은 대가로 얻은 것을 나는 먹을 수 없소. 바라문이여, 이것은 바르게 보는 사람들(깨어 있는 사람들)의 관습이 아니오. 시를 읊은 대가로 얻은 것을 깨어 있는 사람들(諸佛)은 물리칩니다. 바라문이여, 법을 따르는 것이 (깨어 있는 사람들의) 바른 생활법이오. 완전한 사람인 대선인(大仙人), 번뇌의 더러움을 다 없애고 악행을 소멸한 사람에게는 다른 음식을 바쳐야 하오. 그것은 공덕(功德)을 지으려는 사람에게 복밭이 되기 때문이오."
"그러면 고타마여, 이 우유죽을 누구에게 드릴까요?"

"바라문이여, 신들·악마·범천들이 있는 세계에서 신들·인간·사문·바라문을 포함한 여러 중생 가운데서 완전한 사람(如來)과 그의 제자를 빼놓고는 이 우유죽을 소화시킬 수 있는 사람을 보지 못했소. 그러니 바라문이여, 이 우유죽을 푸른 풀이 적은 곳에 버리거나 혹은 생물이 없는 물속에 버리시오."

밭을 가는 바라문 바라드바자는 그 우유죽을 생물이 없는 물속에 쏟아 버렸다. 그런데 물속에 버리자마자 우유죽이 부글부글 소리를 내면서 많은 거품을 내뿜었다. 마치 온종일 햇볕에 쪼여 뜨거워진 호미 날을 물속에 넣었을 때 부글부글 소리를 내면서 힘차게 물거품을 내뿜는 것과 같았다. 이때 밭을 가는 바라문 바라드바자는 무서워 벌벌 떨면서 식은땀을 흘리며 스승 곁에 가까이 다가섰다. 그리고 스승의 두 발 밑에 머리를 조아리며 여쭈었다.

"훌륭한 말씀입니다, 고타마여. 훌륭한 말씀입니다, 고타마여. 마치 넘어진 사람을 일으켜 주는 것처럼, 덮인 것을 벗겨 주는 것처럼, 길 잃은 이에게 길을 가르쳐 주는 것처럼, 또는 '눈을 가진 사람은 빛을 볼 수 있을 것이다' 하면서 캄캄한 어둠 속에서 등불을 비춰 주는 것처럼, 고타마는 여러 가지 방편으로 법을 밝혀 주셨습니다. 저는 이제 당신 고타마께 귀의합니다. 그리고 진리와 도를 닦는 수행자들의 모임에 귀의합니다. 저는 집을 떠나 당신 곁으로 출가하여 완전한 계율을 받겠습니다."

자신의 일에 충실하라

부처님과 바라드바자의 대화를 보면서 무슨 생각이 드셨습니까? 바라드바자는 자기 일에 아주 충실한 사람으로 보입니다. 이 사람이 보기에는 육체적인 노동을 하지 않고 살아가는 듯한 부처님과 그 제자들의 삶이 납득이 가지 않았을 것입니다. 그래서 처음에는 부처님께 농사를 지어 자신의 힘으로 먹고 살아야 하지 않겠느냐고 충고하고 있습니다.

초기 경전에는 바로 이렇듯 부처님 당시의 일상이 꾸밈없이 나오기 때문에 재미도 있고 부처님의 가르침을 쉽게 알 수 있습니다. 게다가 묻는 사람의 수준에 맞춰 부처님이 친절하게 설해 주었기 때문에 현대를 살아가는 우리들에게 더욱 생생한 감동으로 다가옵니다. 어쨌든 이 농부처럼 자신의 일에 충실한 사람만이 나와 다른 남을 인식할 수 있습니다. 부처님은 바라드바자의 질문에 당신도 농사를 짓는다고 하셨습니다. 부처님과 제자들이 밭일 하는 것을 전혀 본 적이 없는 바라드바자로서는 이해하기 어려웠습니다. 한 번 말해서 알아듣지 못하면 설명이 길어지는 법입니다. 중국의 방거사(?~808?)가 말했습니다.

무쇠소가 사자후를 두려워하지 않는 것은
나무로 된 사람(나무인형)이 새와 꽃을 보는 것과 같다.
鐵牛不怖獅子吼 恰似木人見花鳥

무쇠소나 나무인형은 정이 없으니 벽이 벽을 마주하는 것과 같습니다. 사람이 말뜻을 알아듣지 못하는 것도 이와 같습니다. 그러나 지혜를 닦고 마음이 열리면 무슨 말이든 잘 알아듣고 배우는 데 부끄러움이 없습니다. 고집이 세고 모르는 것을 묻지 못하는 사람은 대부분 바보 아니면 자신이 잘난 줄로 착각하는 사람입니다. 바라드바자는 부처님의 말뜻을 이해하기 어려워서 다시 여쭈었습니다. 이것만 보더라도 그는 괜찮은 사람이고, 금세 깨달아 부처님의 제자가 될 만한 그릇이었습니다.

믿음은 이치대로 살겠다는 굳건한 서원

농사에서 가장 소중한 것은 씨앗입니다. 농사라는 것 자체가 씨앗이 없으면 성립할 수 없습니다. 부처님은 당신의 농사에서 믿음이 씨앗이라고 했습니다.

『주역』에 '산지박山地剝' 괘가 있습니다. 6개의 효 중에서 아래로 다섯 개는 음이고 맨 위에 양의 효 하나가 위태롭게 얹혀 있는 형국입니다. 이 괘는 주역 64괘 중에서 23번째로 가장 곤란하고 가장 어려운 상황을 나타내는데, 이 괘를 읽는 사람들의 몫은 절망에서 희망을 읽어내는 겁니다. 까치밥으로 한 알 남아 있는 늦가을의 감나무를 상상해 보면 그 느낌을 알 수 있을 것입니다.

믿음은 얻고자 하는 것을 빌었더니 얻어졌다거나, 무엇을 얻기 위해 의지하는 것이 아닙니다. 이러한 믿음은 아주 초보적이고 유치한 신앙입니다. 믿음은 세상의 이치를 왜곡하지 않고 바르게 보는 것을 말합니다. 바르게 보기 위해서는 바른 지혜와 안목을 갖춰야 합니다. 세상에 어떠한 역할이 필요하면 그에 맞는 사람이 쓰이기 마련입니다. "난세에 영웅이 난다"는 격언이 틀리지 않습니다. 개인의 삶에서 성공하고 난관을 극복하기 위해서는 무엇보다 어려운 상황을 잘 이해하는 노력이 필요합니다.

첫째는 엽락燁落입니다. 잎사귀를 떨궈 잎사귀에 가렸던 줄기를 새롭게 본다는 것은 자신을 현혹했던 거품을 거둬내는 작업입니다. 새 잎이 나기 위해서는 묵은 잎이 다 져야 합니다. 과거의 나쁜 습관과 어리석은 생각을 떨쳐버리고 새 출발을 하려면 잎이 지는 아픔을 과감히 견뎌내야 합니다.

둘째는 엽락분본燁落糞本입니다. 뿌리에 영양을 주고 기운을 북돋아야 희망이라는 열매가 열립니다. 죽순의 마디가 짧은 것은 대나무의 뿌리에서 배운 까닭이라는 얘기가 있습니다. 자기 자신이 희망입니다. 자신의 한계를 명확히 인식하고 자신이 가장 좋아하고 잘할 수 있는 일에 열정을 가지고 노력하면 반드시 남다른 성취를 보일 수 있습니다. 자신의 줄기에 달렸던 나뭇잎이 뿌리로 돌아와 새로운 영양을 준다는 사실을 깨닫고 자신의 힘으로 일어서야 합니다. 그렇듯 믿음은 바로 세상의 이치를 믿는 것이고, 그렇게 살겠다는 굳건한 서원입니다.

따뜻하고 친절하면 복 그릇이 커진다

　　　　부처님이 바라드바자에게 당신이 짓는 수행이라는 농사에 대해 친절하게 설해 주셨습니다. 바라드바자는 고행과 지혜, 부끄러움, 정진, 진실, 부드러움과 온화함, 그리고 불퇴전의 신심이 절대 자유의 경지로 이끌어준다는 부처님의 말씀을 듣고 홀연히 깨달았습니다. 부처님의 농사야말로 가장 진실한 농사임을 알게 된 것입니다. 우리는 누군가에게 감사한 마음이 들면 자신에게 소중한 것을 선물하거나 음식을 대접하고 싶은 마음이 듭니다. 음식은 사랑이고 감사이고 생명입니다.

　　"몸을 삼가고 말을 조심하며 음식을 절제하여 과식하지 아니하오. 그리고 나는 진실을 거둬들이오. 또한 유화柔和가 소를 멍에에서 떼어 놓는 일이오"라는 부처님의 말씀을 가슴 깊이 새겨야 합니다.

　　말을 조심하고 음식을 절제하여 과식하지 않는 습관이 몸에 배어들면 큰 이익이 있습니다. 우리나라에서 한 해에 음식 쓰레기로 허비되는 비용이 20조 원이 넘는다 합니다. 자동차를 백만 대나 수출해야 얻을 수 있는 금액입니다. 우리의 사소한 습관이 전체적으로는 막대한 낭비를 불러일으키는 것만 생각해도 음식 쓰레기를 함부로 버릴 수 없을 것입니다.

　　또한 모든 사람에게 온화하고 따뜻한 친절을 베풀면 복의 그릇이 커집니다. 복의 그릇이 커지면 어려운 일을 쉽게 비켜갈 수 있습니다. 또한 마음이 신령스러워져 판단을 잘할 수 있게 됩니다. 생활 불교는 바로 이런 것입니다. 불교가 실천의 종교라는 것은 부처님의 초기 경전인 숫타니파타의 구절구절에서 잘 엿볼 수 있습니다.

눈이 있는 사람은 빛을 보리라

부처님은 법문의 대가로 공양을 받지 않겠다고 하셨습니다. 바라드바자는 할 수 없이 부처님이 시키는 대로 우유죽을 물에 쏟았습니다. 순간 우유죽이 불같은 소리를 내며 끓어오르기 시작했습니다. 이 농부는 무서운 생각이 들면서 부처님이 왜 아무나 받을 수 없는 공양이라 했는지 알 것 같았습니다. 그리고 이렇게 말하면서 부처님께 귀의하였습니다.

"훌륭한 말씀입니다, 고타마여. 훌륭한 말씀입니다, 고타마여. 마치 넘어진 사람을 일으켜 주는 것처럼, 덮인 것을 벗겨 주는 것처럼, 길 잃은 이에게 길을 가르쳐 주는 것처럼, 또는 '눈을 가진 사람은 빛을 볼 수 있을 것이다' 하면서 캄캄한 어둠 속에서 등불을 비춰 주는 것처럼, 고타마는 여러 가지 방편으로 법을 밝혀 주셨습니다. 저는 이제 당신 고타마께 귀의합니다. 그리고 진리와 도를 닦는 수행자들의 모임에 귀의합니다. 저는 집을 떠나 당신 곁으로 출가하여 완전한 계율을 받겠습니다."

바라드바자의 뜻과 말이 참으로 진실합니다. 부처님을 의지하는 마음이 분명하게 드러나 보입니다. 이런 마음이라야 수행을 하고 자신의 삶을 향상시켜갈 수 있습니다. 바라드바자는 이 말을 마침과 동시에 출가하여 부처님의 제자가 되었습니다. 좋은 인연, 좋은 삶으로 들어간 것입니다.

대장장이 춘다

진리대로 사는 자

대장장이의 아들 춘다 :
위대한 지혜를 가지신 성자여, 눈을 뜨신 분이시여, 진리의 주인이시여, 그릇된 집착을 버리신 분이시여, 인류의 지극히 높은 분이시여, 가장 위대한 인도자인 당신에게 묻습니다.
세상에는 어떤 종류의 수행자들이 있습니까?

스승 :
춘다여, 이 세상에는 네 가지 종류의 수행자가 있다.
첫째, 도로써 이긴 이(勝者), 둘째, 도를 말하는 이,
셋째, 도에 의해 사는 이, 넷째, 도를 더럽히는 이요.

의혹을 넘어서 고뇌를 떠나고, 니르바나를 즐기고,
탐욕을 버리고 신들을 포함해 세상을 이끄는 사람
이러한 사람을 '도로써 이긴 이(勝者)'라 한다.

이 세상에서 가장 으뜸인 것을 가장 으뜸으로 알고
자신 있게 법을 설명하고 판별하는 사람,
의혹을 버리고 동요하지 않는 성인을
'도를 말하는 이'라고 한다.

잘 설명된 법의 말씀인 도에 살고 자제하고
깊이 생각해서 올바른 말을 믿고 따르는 사람을
'도에 의해 사는 이'라 한다.

맹세한 계율을 잘 지키는 체하지만 고집스럽고 가문을 더럽히고, 거만하고, 거짓말을 하고 자제심이 없고 말이 많으며 잘난 체하는 사람, 이런 사람을 '도를 더럽히는 이'라 한다.

여러분의 삶은 어떻습니까? 즐겁습니까, 고단합니까? 아니면 둘 다입니까, 둘 다 아닙니까? 자신의 삶을 돌이켜보십시오. 돌이켜보려면 마음을 고요히 하는 습관을 길러야 합니다. 『장자』「덕충부」에는 이와 비슷한 공자의 말씀이 나옵니다.

사람은 흘러가는 물에는 비춰 볼 수가 없고
고요한 물에 비춰 보아야 한다.
오직 고요해진 사람만이 뭇 사람의 망상을 그치게 할 수 있다.
人莫鑑於流水 而鑑於止水 唯止能止衆止

거울은 사물을 비춰 줍니다. 옛날에는 청동거울이어서 수시로 닦지 않으면 제대로 비춰지지 않았습니다. 또한 물에 비춰 보기도 했는데, 우선 물이 고요해야 했습니다. 흘러가는 물에는 잘 비춰지지 않기 때문입니다.

마찬가지로 남의 마음을 고요히 해 주려면 자신의 마음부터 고요해야 합니다. 번뇌가 가득하여 경황 없는 사람이 어찌 남을 고요히 해 줄 수 있겠습니까? 안으로 가득 채워진 사람만이 남을 이끌어주고 성취시켜 줄 수 있습니다.

물이 대숲을 흘러나오니 푸른 빛이 우러나고
바람이 꽃 속을 스치니 향기를 실어온다.
水向竹邊流出淥 風從花裏過來香

물이 촘촘한 대 뿌리를 거치면 맑게 정화되어 푸른빛을 띱니다. 바람이 꽃 사이를 지나면 바람 따라 향기가 퍼지기 때문에 바람도 향긋해집니다. 마찬가지로 고요한 사람은 사물에 마음을 맡기니 순조롭습니다. 그런데 억지로 마음을 거슬러 일하는 사람은 항상 피로하기 마련입니다. 일은 고요함 속에 이뤄지는 것입니다. 안으로 내실을 기하면 자연히 겉으로 빛이 드러나고 힘이 생깁니다. 이것이야말로 정말 큰 힘이고 우주적인 마음입니다. 큰 마음을 이해하면 큰 힘을 쓸 수 있는 것도 바로 이 때문입니다. 이러한 법칙을 깨닫고 자신의 기량을 유감없이 발휘해 보시기 바랍니다.

대장장이의 아들 춘다와 네 가지 수행자

제가 자란 곳은 농촌이었는지라 거의 마을마다 대장간이 있었습니다. 특히 장이 서는 날에는 대장간 풍광이 좋은 구경거리였습니다. 빨갛게 이글거리는 숯불이 가마 속에서 활활 타오르고 대장장이는 쇠를 그 안에 넣어서 달군 다음에 망치로 두들겨서 모양과 날을 세워 나갑니다. 쇠는 뜨거워지면 물처럼 됩니다. 쇳물을 형틀에 부어 모양을 뜬 다음에 찬물과 가마를 오가면서 반복하는데, 이렇게 해야 쇠의 성질이 강해진다고 합니다. 어릴 때 대장간 풍광이 신기해서 한참 지켜보고 있는데, 한번은 "나처럼 이렇게 험한 일 안 하고 살려면 공부하라"며 쫓아냈습니다.

부처님 당시에도 대장장이가 있었습니다. 그 무렵 철기문명이 발달하기 시작하면서 생산량도 늘고 시장거래가 활발하던 때였습니다. 대장장이 아들이었던 춘다가 부처님을 찬탄하는 말로 질문을 시작했습니다. 인도에서는 질문할 때 먼저 스승을 찬탄한다고 합니다. 질문자가 충분히 스승을 신뢰하고 있으며 가르침을 받을 긍정적인 상태에 있음을 선언하는 것입니다. 이에 부처님은 수행자에 대해 네 가지로 구분하여 말씀해 주셨습니다.

도로써 이긴 이, 도를 말하는 이, 도에 의해 사는 이, 도를 더럽히는 이 등의 네 가지 중에 마지막 네 번째는 수행자의 길을 저버린 사람이니 거론의 여지조차 없고, 저는 특히 세 번째가 좋습니다. 제가 먹물 옷을 입고 출가한 것도 도에 의해 살고 싶었기 때문입니다. 부처님의 제자라면 다 포기할 수 있고 다 양보할 수 있지만 '도에 의해 사는 것'에서만큼은 용감해야 합니다.

세상의 중심으로 새롭게 태어나기

 탁발승이 어느 날 왕은 낙원에 있고 탁발승은 지옥에 있는 꿈을 꾸었다. 꿈에서 깨어난 그가 부르짖었다.
"옳지 않은 일이다. 거꾸로 되어야 마땅하지 않는가?"
어디선가 대답이 들려왔다.
"천만에! 왕이 낙원에 간 것은 살아 있는 동안 탁발승들을 사랑하고 그들의 벗이 되어 주었기 때문이고, 탁발승이 지옥에 간 것은 살아 있는 동안 지나치게 왕들과 가까이 지냈기 때문이다."

– 사아디의 우화 정원에서

우리는 살아가면서 많은 것을 배우고 남에게 가르쳐 주기도 합니다. 몸에 배어 있어야만 할 자질을 손꼽는다면 재능이 아니라 진지함입니다. 진지함이 있으면 삶에 향상이 있습니다. 진지함이 없는 사람은 뭘 배워도 자신의 것으로 만들지 못합니다. 저 탁발승처럼, 겉의 모습이 삶을 좌우하지는 않습니다. 뿌리 속까지 진지한 삶의 성찰이 있어야 공덕이 있습니다. 진지하게 자기를 일궈나가는 사람은 향기롭습니다. 그러나 겉은 화려해도 진지함이 없다면 향기가 없는 꽃처럼 무의미해질 것입니다.

『주역』에서 말합니다.

"군자는 어떤 일이나 행위에 앞서 역易에 의거해 미리 상황을 파악하는데, 그 반응이 마치 메아리와 같다. 미래의 상황에 대해 먼 것이나 가까운 것뿐만 아니라 깊거나 어두운 것까지도 빠짐없이 파악한다. 천하의 지극한 정밀함이 아니고서 누가 이것과 함께할 수 있겠는가?"

도를 깨달은 사람은 일체의 일에 대한 반응이 메아리와 같다는 말을 기억하시기 바랍니다. 메아리는 본래 소리를 꾸미지 않습니다. 거짓이 없고 진실만 존재합니다. 넘치지도 부족하지도 않습니다. 이 진실한 마음으로 인하여 미래의 일, 가깝거나 먼 것, 깊고 어두운 것도 놓치지 않습니다. 깊고 어두움이란 드러나지 않는 숨겨진 일을 말합니다. 모든 일은 때에 다다르지 않으면 밖으로 드러나지 않기 때문에 그 변화를 알 수 없습니다. 하지만 성인은 빠짐없이 파악합니다. 이것이 천하의 정밀함이기도 합니다. 정밀함은 빈틈없이 꽉 찬 모습입니다. 하루하루를 살아가는 데 있어 이렇듯 진지하고 치밀함이 있다면 성공할 수밖에 없습니다.

　기억하십시오.

　마음을 모으고 정신을 집중하면 내가 세상의 중심으로 새롭게 태어난다는 것을!

파멸에 이르는 문

나는 이와 같이 들었다. 어느 때 거룩한 스승께서는 사밧티의 제타 숲 기원정사에 머무르셨다. 어느 날 자정이 지날 무렵 아름다운 신이 나타났다. 신은 제타 숲 기원정사를 두루 비추며 스승께 가까이 다가왔다. 예의를 갖춰 절한 다음, 스승의 곁 한쪽에 서서 시로써 물었다.

"저희는 파멸하는 사람에 대해서 고타마에게 여쭈어 보겠습니다. 파멸에 이르는 문은 어떤 것입니까? 스승께 여쭙기 위해 여기 왔습니다."

스승은 대답하셨다.

번영하는 사람은 알아보기 쉽고,
파멸하는 사람도 알아보기 쉽다.
이법理法 사랑하는 사람은 번영하고,

이법을 싫어하는 사람은 멸망한다.

악한 사람을 좋아하고, 착한 사람을 싫어하는 것,
악한 사람이 하는 일을 즐기면, 이것이 파멸의 문이다.

잠자는 버릇과 모임이라면 끼지 않는 데가 없고,
힘써 노력하지 않고 게으르며 화를 잘 내면, 이것이 파멸의 문이다.

자신은 넉넉하게 잘 살면서도
늙은 부모를 모시지 않으면, 이것이 파멸의 문이다.

재물이 굉장히 많은 사람이 혼자 부귀영화를 누리기 위해
그것들을 쓴다면 이것이 파멸의 문이다.

가문을 자랑하고 재산을 자랑하고
자기 친척들을 멸시하는 사람이 있다. 이것이 파멸의 문이다.

여자, 술, 도박에 빠져서 벌어들이는 대로
재산을 날려 버리는 사람이 있다. 이것이 파멸의 문이다.

자기 아내와 만족하지 않고 매춘부와 놀아나고
남의 아내와 몸 섞는 것은 파멸의 문이요,

중년이 지난 사내가 틴발 열매처럼 부풀어 오른 유방을 가진 젊은 여자를 유인하고,
그 여자를 질투하여 밤잠을 설친다면, 이것이 파멸의 문이다.

술과 고기에 빠져 재물을 마구 낭비하는 여자,
또는 이런 사내에게 집안일의 실권을 맡긴다면 이것이 파멸의 문이다.

크샤트리야 집안에 태어난 사람이 권세는 적은데 욕망만 커서
이 세상에서 왕위를 얻으려 한다면 이것이 파멸의 문이다.

세상에는 이러한 파멸의 문이 있다는 것을 잘 살피어
어진 이(賢者), 뛰어난 사람들은 진리를 보고 행복한 세계에 이른다.

어느 길로 갈 것인가

부처님의 법문은 꼭 인간만을 대상으로 한 것은 아닙니다. 사람의 눈에는 보이지 않지만 신과 우주를 상대로 법문을 하셨습니다. 이 장은 사밧티의 제타 숲에 계실 때 한밤중에 천신의 질문을 받고 설한 내용으로 주제는 파멸에 대한 것입니다.
불교에서는 어떤 생각과 행동으로 받게 되는 결과와 그 원인

에 대한 설법을 많이 합니다. 원리는 간단합니다. 선행은 선업으로, 악행은 악업으로 나타납니다. 이것은 이생뿐만 아니라 다음 생에도 영향을 미칩니다. 잘 되고 좋고 아름다운 삶을 행복이라 한다면, 잘못되고 나쁘고 유쾌하지 않는 삶은 파멸입니다. 파멸의 삶을 살아가는 사람은 매사 불쾌하고 짜증이 날 것입니다. 남을 위한 이익이 되는 행동보다는 끊임없이 달라고 아우성치는 사람은 파멸의 길을 가는 사람입니다.

자, 어느 길로 가겠습니까? 어느 길이 행복의 길이겠습니까? 부처님 말씀대로 행하는 진리의 길, 공덕의 길은 곧 진정한 행복의 길입니다. 우리가 부처님 법을 배우고 공덕 쌓기를 멈출 수 없는 까닭이기도 합니다.

도움이 필요할 때 도와주라

부처님은 천신의 질문에 따라 열두 가지 파멸의 문에 대해 자세하게 말씀해 주셨습니다.

첫째, 좋은 벗을 가까이 하라는 것입니다. 특히 효도에 대한 부분을 보면 가정과 자기가 속한 공동체에 맞는 가치를 구현하고 직분을 다하는 것을 중요하게 여겼음을 알 수 있습니다.

나를 도와줄 사람을 구하려면 기꺼이 도와줄 사람을 구하고 남을 도와주려면 도움이 필요할 때 도와주라.

求人須求大丈夫 濟人須濟及時無

대장부는 배포가 커서 남을 대할 때 주저하거나 거리낌이 없습니다. 도움을 받으려면 그런 사람에게 받으라는 것입니다. 그리고 남을 도울 때는 그가 가장 절실할 때 도와주면 은혜가 크다는 말씀입니다. 무엇보다 파멸의 길을 멀리하기 위해서는 균형 잡힌 사고가 필요합니다.

공직에 있어서는 사심을 버리고, 일에 있어서는 탐욕을 다스려야 합니다. 청문회를 보면 뻔뻔하게 불법을 저질러 놓고도 왜 자기만 갖고 그러느냐며 억울해하는 것을 종종 볼 수 있습니다. 이런 사람들은 평소에 파멸의 씨앗을 뿌린 결과입니다. 『논어』에 이런 이야기가 있습니다.

자화가 제나라에 사신으로 떠나자, 염구가 그의 모친을 위해 곡식을 보내 주기를 요청했다. 공자가 "여섯 말 넉 되만 주어라"고 하자 염구가 좀 더 주기를 요청하니 "그러면 열여섯 말을 주어라"고 하셨다. 그러나 염구가 그에게 곡식 여든 섬을 보내주자 공자가 말씀하셨다. "공서적이 제나라로 갈 때 살찐 말을 탔고 가벼운 갖옷을 입었다. 내가 들은 바로는, '군자는 남이 다급한 것은 도와주지만 부자에게 더 보태주지는 않는다' 하였다."

이 글은 『논어』 「옹야」편에 있습니다. 자화는 이름이 공서적이었습니다. 공자의 제자로서 나이는 42세나 어렸습니다. 염구는 공서적의 학우로서 친구의 모친을 위해 곡식을 드리고 싶었던가 봅니다. 옛날에는 관리를 할 때에 정情 · 리理 · 법法을 중시했습니다. 법률 외에도 이치에도 맞고 인간의 정리에도 맞아야 했습니다. 염구가 스승의 말에도 불구하고 과하게 준 것인데, 공자님은 이 정도에서 그치고 더 이상 나무라지 않았다 합니다. 급우를 도와주고 싶은 정리를 이해했기 때문입니다. 하지만 공서적의 행차가 당시로서도 화려했기 때문에 형편이 좋은 사람에게 과하게 준 것은 잘못이라는 꾸짖음은 잊지 않았습니다.

사람이 희망이다

한 농부가 황무지를 개간해 논을 만들었습니다. 그는 씨앗을 뿌리고 거름을 주며 정성껏 농사를 지어 풍성한 수확을 거두었습니다. 그 농부의 논 바로 아래 있는 다른 논에도 풍년이 들었습니다. 그는 자신보다 늦게 개간한 논이 풍년을 맞는 것이 즐겁지 않았습니다. 곰곰이 생각하던 농부는 한 가지 결론에 도달했습니다. 자신의 논을 거친 기름진 물이 아래 논의 풍년을 가져왔다는 것입니다. 그는 겨우내 자신의 논에서 물 한 방울도 흘러내리지 않도록 단단히 공사를 했습니다.

다음해 봄, 농부의 논은 예상대로 물이 넘쳐나 벼 싹이 잘 자라기 시작했습니다. 하지만 여름이 채 무르익기도 전에 논에 고인 물이 썩기 시작하면서 결실을 보지 못하고 모두 썩고 말았습니다.

남이 이익 보는 것을 끔찍이 싫어하여 결국 화가 자신에게까지 미치게 되었습니다.

"맛 좋은 술은 외딴 시골에는 없다美酒無深巷"라는 말이 있습니다. 술은 사람들이 사랑하는 음식 중의 하나입니다. 좋은 것은 사람 사이에 있습니다. 가장 흔하고 평범한 것 속에서 삶의 진실을 보는 힘을 길러야 합니다. 희망은 사람에게서 찾아야 하고, 그 속에서 이뤄야 합니다. 그래서 부처님이 중생을 교화하기 위해 세상으로 다시 돌아온 것입니다.

누가 비천한 사람인가

나는 이와 같이 들었다. 어느 날 거룩한 스승께서는 사밧티의 제타 숲 기원정사에 머무르셨다. 그때 스승께서는 오전에 바리때와 가사를 걸치고 탁발을 하기 위해 사밧티에 들어가셨다. 그때 불을 섬기는 바라문 바라드바자의 집에는 성화聖火가 켜 있고 제물이 바쳐져 있었다. 스승은 사밧티의 거리에서 탁발하면서 그의 집에 이르렀다. 불을 섬기는 바라문 바라드바자는 멀리서 오는 스승을 보더니 소리 쳐 말했다.

"거기 서라. 대머리 사문아, 거기 섰거라. 비천한 수행자여, 거기 섰거라."

이때 스승께서는 불을 섬기는 바라문 바라드바자에게 물었다.

"바라문이여, 당신은 도대체 누가 비천한 사람이며, 또 사람을 비천하게 만드는 조건이 무엇인지 알고 있소?"

"고타마(부처님)여, 나는 비천한 사람이 누구인지, 사람을 비천하게 하는 조건을 알지 못합니다. 사람을 비천하게 만드는 조건이 무엇인지 가르쳐 주시오."
"바라문이여, 내가 말해 주겠으니 주의 깊게 잘 들으시오."
스승은 말씀하셨다.

화를 잘 내고 원한을 품고, 흉악하여 남의 미덕을 덮어 버리고,
그릇된 견해를 가지고 음모를 꾸미는 사람,
이를 비천한 사람이라 한다.

한 번 태어난 이나 두 번 태어난 이나 살아 있는 생명을 함부로
해치고 살아 있는 생명에 연민이 없는 사람,
이를 비천한 사람이라 한다.

도시나 마을을 포위하거나 파괴하여 선량한 국민들을 괴롭히는
독재자, 포악한 권력자로 알려진 사람,
이를 비천한 사람이라 한다.

증인으로 나아갔을 때 자신을 위해서나 남을 위해서, 또는 재물
때문에 거짓 증언을 하는 사람,
이를 비천한 사람이라 한다.

부모, 형제, 자매 혹은 시부모, 양모를 때리거나 욕하는 사람,

이를 비천한 사람이라 한다.
남의 집에 가서 좋은 음식을 대접 받고도 손님이 왔을 때는
예로써 대하지 않는 사람, 이를 비천한 사람이라 한다.

태어남으로 말미암아 비천한 사람이 되는 것도 아니요,
날 때부터 바라문이 되는 것도 아니요,
행위로 말미암아 비천한 사람도 되고 바라문도 되는 것이다.

이와 같은 말씀을 다 듣고 불을 섬기던 바라드바자는 스승에게
말씀드렸습니다.
"훌륭하십니다. 당신은 내 마음에 지혜의 등불을 밝혀 주었습니다. 이후로 나는 당신을 따르겠습니다. 이 세상에 머무는 당신의 제자로서 목숨이 다하는 날까지 당신을 따르고자 합니다."

나라를 주고서도 바꿀 수 없는 것

약산藥山(745~828) 선사에게 어떤 스님이 물었다.
"어떤 것이 길에서 만난 지극한 보배입니까?"
선사가 대답했다.
"아첨과 굽은 말을 하지 말라(諂曲)."
스님이 다시 물었다.

"아첨과 굽음이 없을 때는 어떠합니까?"
선사가 대답했다.
"나라를 주고서도 바꿀 수 없느니라."

'비천한 사람'을 읽다보니 『선문염송』의 이야기가 떠올랐습니다. 이 질문은 쉬우면서도 어렵습니다. 귀하게 보면 일체가 귀하고, 하찮게 보면 일체가 하찮습니다. 문제는 어떤 눈으로 세상을 보느냐는 겁니다. 이때 약산 선사는 '첨곡諂曲'이라 했습니다. 아첨은 남의 기분을 맞추는 것으로 세상의 비굴함이 여기에서 극명하게 나타납니다. 또 곡해하는 것은 남의 뜻을 제대로 알려 하지 않고 왜곡시키는 것입니다. 이건 비열한 자세입니다. 인간세는 '첨곡'을 피할 길이 없습니다. 스스로 처신을 잘하고 진중하게 사는 길밖에 없습니다.

그런데 다시 첨곡이 사라지면 어떻겠느냐는 질문이 이어졌습니다. 약산 스님은 나라를 주고도 바꿀 수 없다고 했습니다. 예부터 가장 값진 것을 비유할 때 이 표현을 즐겨 썼습니다.

개인은 말할 것도 없고 한 사회도 이럴 때 정의로워집니다. 도를 닦는 자세도 마찬가지입니다. 조금이라도 왜곡되거나 꾸밈이 있으면 마음의 진실을 보기 어렵습니다. 이 문답은 바로 이 점을 잘 일깨워 줍니다.

자석에게 배우다

 "근심 있는 사람은 근심 있는 사람에게 이야기하지 말라."
愁人莫向愁人說

사람이 자신의 근심을 이야기할 때는 근심을 풀고 싶기 때문입니다. 그런데 하필 근심을 들어주는 사람이 더 큰 근심을 가진 사람이라면 어떻게 되겠습니까? 근심이 두 배 세 배 늘어납니다. 어쩌면 살아가면서 심심찮게 겪는 일이기도 합니다. 탁한 물을 맑히려면 맑은 물을 탁한 물에 자꾸 넣어 보충해야 합니다. 근심은 부정적인 어두운 마음이라서 이 기분을 떨치려면 긍정적이고 밝은 기운을 빌리지 않으면 안 됩니다.

사람의 천함도 마찬가지입니다. 생각이 천하고 행동이 천하고 말이 천한 사람이 있습니다. 이런 사람은 가까이하지 말아야 합니다. 왜냐하면 보통사람은 이런 거친 사람을 이길 힘이 없어서 바로 물들고 맙니다. 쇠를 자석 옆에 두면 자석의 성질이 생기는 것처럼 만물은 주변의 강한 성질에 물들어 변하기 쉽습니다. 착하고 바르게 살려고 애쓰는 사람을 가까이해야 마음의 청정함이 생깁니다. 부처님께서 비천한 사람에 대해 말씀하신 까닭도 바로 거기에 있습니다.

부처님께서는 매사에 화를 잘 내고 원한을 쉽게 품으며 음모를 꾸미는 사람, 태어나는 세상마다 남을 괴롭히는 사람, 파괴하기를 좋아하는 사람, 오로지 남의 것을 훔치려고 틈을 엿보는 사람, 남에게 빚을 지고도 발뺌하며 오히려 물건에 대한 집착으로 남을 해치기도 하는 사람을 일컬어 비천하다고 말씀하고 계십니다. 이 말씀을 곰곰이 살펴보면, 참으로 흔하게 볼 수 있는 광경입니다. 순간의 유혹을 이겨내지 못하면 비천한 사람이 되고, 유혹을 이겨내면 귀한 사람이 됩니다. 동으로 가냐 서로 가냐에 따라 길이 두 배로 멀어지듯이 귀함과 천함도 그와 다르지 않습니다.

베푸는 데서 리더십이 길러진다

사람은 누구든지 이익을 느낄 때 행복해합니다. 일과 사람과의 관계에서 이익을 느끼면 행복하고 이익을 준 사람을 가까이 하고 싶어합니다. 하지만 반대로 이익을 느끼지 못하면 쉽게 멀어지고 심지어 원한관계가 되는 경우도 있습니다.

얼마 전 마르셀 모스(1872~1950, 프랑스 사회학자)의 『증여론』을 읽었습니다. 일본 신화학자인 나카자와 신이치의 5권짜리 전집을 보는데 이 사람에 대해 소개되어 있어서 읽어보았습니다. 이런 학자들은 고대 원주민들의 생활 속에 전해오는 자연과 인간사회, 우주와 개인의 관계가 어떻게 형성되고 서로를 이해하며 조화롭게 살아가는지에 대한 연구를 합니다.

흥미로운 것은 우리의 보시 개념처럼 순수한 증여, 대가를 바라는 증여, 물물교환의 세 가지로 구분한다는 것입니다. 말할 것도 없이 순수한 증여가 가장 큰 복이 되고 공덕이 됩니다. 특히 원주민들 세계에서는 먹을 것을 자주 베풀고 대가를 바라지 않으며 희생할 수 있는 능력을 보여주는 사람이 지도자가 된다고 합니다. 다시 말하면 남에게 줄 수 있는 능력의 차이에 따라 사회적인 지위가 달라지는 것입니다. 때문에 이들 사회에서는 남에게 베풀지 못해 안달이라고 합니다. 이들은 어떤 상황이든 선물을 안 해도 된다고 변명할 수 있는 시간은 애초에 없다고 생각합니다.

우리의 삶은 증여-교환의 두 측면에서 움직입니다. 남에게 베푸느냐, 아니면 오직 자기의 이익을 따지며 살 것인지는 자신이 선택해야 합니다. 재물과 능력을 자신을 위해서만 소비하거나 인색하게 구는 사람은 평판도 좋지 않고 더 높은 명망을 갖기 어렵습니다. 생각과 행동이 사람을 귀하게도 하고 천하게도 합니다.

부처님께서는 재물이 있으면서도 부모를 봉양하지 않는 사람, 가족이나 친척의 어려움을 등한시하며 도움을 주지 않는 사람, 남이 이익을 보려 하면 훼방을 놓거나 잘못되기를 바라는 사람, 자신은 대접받으려 하면서 남을 대접하지 않는 사람은 비천하다고 하셨습니다. 무심코 했던 말과 행동이 비천한 결과로 이어지지는 않았는지 날마다 돌아보고 혹시라도 그런 일이 있었다면 반성하고 고쳐야 할 것입니다. 베푸는 데서 리더십이 길러진다는 것을 마음에 새기고 실천했으면 합니다.

마음을 여는 순간 진리의 길에 들어서게 된다

바라문 바라드바자는 부처님의 말씀을 듣고 눈과 귀가 열렸습니다. 목숨이 다하는 날까지 부처님을 따르겠노라는 그의 서원이 더없이 진실하게 느껴집니다. 그는 부처님께 귀의하여 출가사문이 되었습니다. 이렇게 진실로 깨달으면 누구나 진리의 길을 가게 됩니다.

사람들은 자꾸 닮으려 하고 비슷해지길 원합니다. 장미의 아름다움과 찔레의 아름다움은 자신만의 꽃을 피우기 때문에 생겨납니다. 그들은 다른 꽃에 한눈을 팔 여유가 없습니다. 자신에게 집중하기도 바쁜 세월입니다. 닮으려 하면 남의 인생이요, 금세 헛된 삶을 보내고 장송곡이 울려나올 것입니다. 자신의 길에 열정을 보이는 것이 우주적으로도 큰 공덕이 됩니다. 자신이 서 있는 곳에서 주인공 역할을 못하면 누군가 그 자리를 메우기 위해 들어와야 합니다. 우주적인 혼란도 이런 작은 데서 시작됩니다.

자신의 길을 가려면 홀로 갈 수 있는 힘을 길러야 합니다. 오직 이러한 사람만이 진리의 친구가 우주에 넘쳐나고 있음을 깨달을 것입니다. 따뜻한 시선으로 바른 길을 가도록 지켜보는 불보살님의 연민을 느끼십시오. 오늘은 이런 기도가 절로 나옵니다.

부처님! 저를 애민히 여기소서!

자비慈悲가 골고루
스미게 하라

살아 있는 것은 다 행복하라

만족할 줄 알고, 검소한 생활을 하라. 잡일을 줄이고 생활 또한 간소하게 하며, 모든 감관이 안정되고 부드럽고 남의 집에 가서도 탐욕을 부리지 말라.

식자識者로부터 비난 받을 비열한 행동을 결코 하지 말아야 한다. 살아 있는 것들이여, 부디 행복하고 태평하고 안락하라.

눈에 보이는 것이나 보이지 않는 것까지도, 먼 곳이나 가까운 곳에 사는 자도, 이미 태어난 자나 앞으로 태어나기를 원하는 자에 이르기까지 살아 있는 모든 것들이여, 부디 행복하라.

법정 스님께서 자주 인용하시고 책의 제목으로도 쓰셨던 '살아 있는 것은 다 행복하라'가 바로 이 품의 말씀입니다. 저도 이 품을 좋아합니다. 잡일을 줄이고 생활을 간소하게 하라는 말씀을 보면서 문득 20세기 최고의 천재과학자인 아인슈타인의 말이 생각납니다. "나는 간소하면서 아무 허세도 없는 생활이야말로 모든 사람에게 최상의 것, 육체를 위해서나 정신을 위해서나 최상의 것이라 생각한다"고 한 그의 말을 보면 마치『숫타니파타』를 읽은 것 같은 느낌이 듭니다.

우리 모두가 행복한 삶을 추구합니다. 오늘날과 같은 급변하는 상황에서는 틀에서 벗어나 유연한 사고로 창의적인 생각을 할 수 있는 지혜가 있어야 행복한 삶을 영위할 수 있는데, 에티오피아에 전해 내려오는 이야기가 많은 것을 일깨워 줍니다.

어느 날 임종 직전의 아버지가 세 아들을 불렀습니다.
"내 재산을 셋으로 나누면 의미가 없을 것 같구나. 대신 가장 현명한 한 사람에게 물려주고자 한다. 탁자 위에 놓여 있는 동전을 한 닢씩 가져가서 무엇이든 벽장을 채워 보거라. 재산은 그 사람에게 물려주겠다."
세 사람은 각자 동전을 한 닢씩 들고 나갔습니다. 첫째 아들은 짚을 사서 벽장을 채우려 했는데 겨우 반밖에 채우지 못했습니다. 둘째 아들은 깃털뭉치를 샀지만 역시 벽장을 다 채울 수 없었습니다. 셋째 아들은 작은 물건을 하나 들고 왔습니다. 그것은 양초였습니다. 그는 밤이 되기를 기다렸다가 불을 붙여 벽장을 환히 밝혔습니다. 빛으로 벽장을 채웠던 것입니다. 재산을 물려받은 아들은 물론 셋째였습니다.

이렇듯 발상의 전환을 해야 합니다. 우리에게 필요한 것도 바로 그런 유연한 사고, 유쾌하고 즐거운 상상이 얼마든지 가능하다는 것입니다. 한편 남에게 이익을 주려는 마음, 남을 생각하는 순간 자신이 가진 것보다 더 큰 능력이 일어난다는 것을 기억하시기 바랍니다.

자비가 생명이다

마치 어머니가 외아들을 목숨을 걸고 지키듯
모든 살아 있는 생명에 대해
한없이 인자한 마음을 일으켜야 한다.

또 그 한없는 자비심을 온 세상에 골고루 스며들게 하라.
위로, 아래로, 그리고 옆에까지
장애도 없고, 적의도 없는
자비가 온 누리에 스며들게 하라.

서 있을 때나, 걸을 때나, 앉아 있을 때나, 누워 있을 때나
잠자지 않는 동안에는 이 자비한 마음을 굳게 가지라.

온갖 그릇된 견해에 휩쓸리지 않고
계를 지니고 자신을 절제할 줄 아는 사람,
지혜로써 사리를 잘 판단하며, 욕망의 늪에서 나온 사람,
그는 결단코 다시는 모태에 머물지 않으리라.

불교의 시작과 끝은 지혜와 자비입니다. 특히 자비 앞에선 모든 장애가 사라집니다. 자비한 사람은 불보살님들의 가피를 크게 받습니다. 진실한 사랑, 자비심이 세상을 바꿉니다. 절대 권력은 절대로 부패한다는 말이 있듯이 권력은 아무리 선한 동기라 할지라도 부패하는 숙명이 있습니다.

세상 사람들과 이익을 다투는 것으로는 세상을 변화시키지 못하기 때문에 출가를 하는 것입니다. 아무리 느리고 더딜지라도 오직 자비와 삶에 대한 경건한 자세만이 진리의 꽃밭을 일궈낼 수 있습니다. 이 길은 초조하거나 조급해할 이유가 하나도 없습니다. 내가 살아가는 일상에서 할 수 있는 만큼 실천하고 보람을 느끼면 됩니다.

눈 덮인 산에 사는
야차의 깨달음

마음의 안정은 행복의 전제조건

야차 헤마바따:

살아 있는 모든 생명에 대하여
그는 안정된 마음을 갖고 있는가?
또 원하는 것이나 원하지 않는 것에 대하여
그의 생각은 잘 절제되어 있는가?

야차 사따기라:

살아 있는 모든 생명에 대하여 그는 안정된 마음을 갖고 있다.
또 원하는 것이나 원하지 않는 것에 대하여
그의 생각은 잘 절제되어 있다.

'야차'는 산스크리트어로 '약사(yaksa)'의 음역입니다. 본래는 신적인 존재, 영적인 존재를 뜻하는 말이었습니다. 그러나 점차 공중을 날아다니는 포악한 귀신 같은 존재로 여겨졌습니다. 사람의 마음을 어지럽히거나 탐욕을 부채질하고, 어리석은 생각으로 살아가거나, 남을 해치는 것이 야차의 이미지입니다.

이 장에서는 야차들이 부처님의 깨달은 경지를 알 수 없기 때문에 자신들이 아는 분상에서 부처님을 상상해 보는 것으로 시작됩니다.

포살은 '우포사타(uposatha)'의 음역입니다. 출가자들이 보름과 그믐, 한 달에 두 차례 불전에 모여 계율을 낭송하면서 자신과 서로의 허물을 지적하고 일깨우며 참회하는 의식이 포살입니다. 야차들이 보름날 밝은 저녁에 포살에 참석해서 부처님을 찾아뵙고 여쭈었습니다. 그 첫 질문이 "살아 있는 모든 생명에 대하여 그는 안정된 마음을 갖고 있는가? 원하는 것이나 원하지 않는 것에 대하여 그의 생각은 잘 절제되어 있는가?"였습니다.

우리는 외부의 환경과 자극에 따라 자제력을 잃고 마음이 요동칩니다. 기뻐하기도 하고 슬퍼하기도 합니다. 자제력, 즉 감정을 잘 다스린다는 것은 일상의 평화와 행복에 직접적인 연관이 있습니다.

몸과 마음의 다이어트를 위하여

야차 헤마바따:
그는 주지 않는 것을 취하려 하지 않는가?
그는 살아 있는 생명을 죽이지 않는가?
그는 혹시 게으름에서 떠나 있는가?
그는 명상을 그만두지는 않을 것인가?

야차 사따기라:
그는 주지 않는 것을 취하지 않는다.
그는 살아 있는 생명을 죽이지 않는다.
그는 혹시 게으름에서 떠나 있다.
그는 명상을 그만두지 않는다.

야차 사따기라:
그 성자는 새끼 양과 같은 장다리를 가지고 있고, 파리하고, 가냘프고, 총명하고, 소식小食을 해서 탐내는 일이 없고, 숲속에서 조용히 명상에 잠겨 있네. 고타마를 만나러 가세.

위와 같은 대화를 나눈 끝에 깊은 산에 사는 야차 사따기라와 눈 덮인 산에 사는 야차 헤마바따가 부처님을 찾아 뵙기로 하였습니다.

지혜로우며, 많이 먹지 않고, 사자처럼 홀로 가고 있는 그에게 가자. 우리 모두 그를 찾아가서 죽음의 속박에서 벗어나는 길을 물어보자는 야차들의 표현에서도 우리는 불교적 이상형을 엿볼 수 있습니다. 특히 많이 먹지 않는다는 표현이 이채롭습니다. 먹는다는 것은 그야말로 원초적 욕구입니다. 소식小食이야말로 본능을 극복하고 탐욕이 사라졌을 때 온전히 행할 수 있는 것입니다. 다이어트를 고민하는 사람들이 깊이 음미하면 좋겠고, 아울러 마음의 다이어트를 함께 한다면 더욱 멋진 인생이 펼쳐지겠지요.

존재의 흐름을 건너는 법

야차 헤마바따 :
이 세상에서 누가 이 거센 물결을 건널 수 있을까요?
누가 이 넓은 바다를 건널 수 있을까요?
의지할 곳 없는 깊은 바다에 들어가 누가 빠지지 않을까요?

고타마 :
언제나 계행을 몸에 지니고 자신을 지혜롭게 절제하며
마음을 잘 가다듬고 안정되어 깊은 신심이 있는 사람이야말로
건너기 어려운 이 거센 물결을 건널 수 있다.

우리가 세상을 살면서 느끼는 모든 고통은 자기 스스로 만든 것입니다. 복을 짓고 지혜를 밝히지 않으면 거센 물결이 우리를 흔적도 없이 바다로 쓸어가 버립니다. 큰 바다에 들어가면 의지할 것도 없고 붙잡을 것도 없습니다. 우리가 가끔 느끼는 삶의 무력감이 이와 비슷하리라는 생각이 듭니다. 어떻게 하면 이 괴로움의 바다에서 벗어날 수 있을까요?

부처님은 자신을 지혜롭게 절제하라고 했습니다. 절제는 곧 자기 삶의 질서를 갖추는 것입니다. 정의롭고 덕 있는 사람은 늘 시선을 자신에게 향합니다. 스스로에게 행복하고 만족스러운 방향으로 가기 위해 노력합니다. 나이가 들수록 자신이 할 수 있는 것과 할 수 없는 것을 잘 구별해야 합니다. 불가능한 일은 과감히 포기하고 자신이 가장 잘할 수 있는 일에 정성을 다하면 분명히 행복해집니다. 행복한 삶은 결코 고단하지 않습니다. 지치지도 않습니다. 행복한 진실이 에너지의 원천이기 때문입니다.

알라바까 야차,
최상의 삶을 알게 되다

이 세상에서 가장 으뜸가는 것

야차 알라바까 :
이 세상에서 가장 귀한 재산은 무엇인가요?
어떤 좋은 일을 해야 마음이 안락할까요?
맛 가운데 가장 좋은 맛은 무엇인가요?
어떻게 사는 것이 가장 뛰어난 삶인가요?

스승 :
사람에게 가장 귀한 재산은 믿음이다.
두터운 덕행이 마음의 안락을 가져온다.
진실함이 맛 가운데 가장 좋은 맛이요,
지혜롭게 사는 것이 가장 뛰어난 삶이다.

야차 알라바까가 이 세상에서 최상의 가치는 무엇인지 부처님께 여쭈었습니다. 부처님은 으뜸가는 재산은 믿음이요, 두터운 덕행이 안락을 가져오고, 진실이 최상의 맛이며 지혜롭게 사는 것이 최상의 삶이라고 분명하게 말씀하셨습니다. 불교가 추구하는 최상의 가치가 명확하게 드러났습니다. 이보다 쉽고 간결할 수 없습니다. 반대로 이 중에 무엇 하나라도 도외시하고서는 삶의 향상을 기대하기 어렵습니다.

이생에도 행복하고 다음 생에도 행복하라

믿음으로 거센 물결을 건널 수 있으며
열심히 정진하여 이 깊은 바다를 건널 수 있다.
근면으로 이 고뇌를 초월할 수 있으며
지혜로 사람은 다시 완전히 순수해질 수 있다.

적당히 일을 하고 인내심을 가지고 노력하면 재산을 얻는다.
매사 성실하게 임하면 명성을 얻을 수 있고
무엇인가를 베풀어 주면 친구를 사귈 수 있다.

나고 죽는 것은 자연의 정한 이치로서 변하지 않는 진실입니다. 사람들은 죽음을 두려워하며 피하고 싶어 합니다.

하지만 결국 건너야 할 고통의 다리이고 바다입니다. 문제는 무엇으로 방편을 삼아 건너느냐는 것인데, 부처님께서는 믿음과 정진, 근면과 지혜가 고해를 건너는 배라고 하셨습니다.

한편 궁극의 깨달음과 지혜를 얻는 것 외에도 일상의 즐거움에 대해서도 언급하고 있습니다. 재물은 참을성 있게 노력함으로써, 명성은 성실한 자세로써, 친구를 얻으려면 베풂으로써 가능하다고 하셨습니다. 깊은 신심이 가정과 직장의 행복이 되고, 성실과 자제와 인내와 베풂의 네 가지 덕이 있으면 이생에서도 행복하고 내생에서도 행복할 수 있다는 말씀입니다.

불교가 다른 종교와 차이점이 있다면, 내생까지 이어지는 삶을 위해 지속적인 향상의 노력을 기울이도록 독려한다는 사실입니다. 그래서 긴 호흡으로 인내하고 복을 짓고 덕을 베풀며 지혜를 쌓아가는 일은 불자의 중요한 생활 기준입니다. 이것을 가볍게 생각하면 안 됩니다. 반드시 실천해야 할 일입니다. 항상 다른 사람들과 따뜻한 마음을 나누시기 바랍니다. 행복은 스스로에게서도 찾아지지만 남을 통해서도 얻어지기 때문입니다. 불교에서는 이 작용의 원리를 나와 남, 안과 밖, 능동과 수동의 두 조건이 어우러짐으로써 생성된다고 봅니다. 우물 안 개구리처럼 좁은 소견은 결코 도움이 되지 않는다는 것을 잘 알아야 하겠습니다.

내세의 이익을 깨닫다

스승:
세속에 사는 사람이 믿음이 있고
성실, 진리, 견실, 베풂, 이 네 가지 덕이 있다면
그는 내생에 가서도 결코 걱정이 없을 것이다.

알라바까:
무엇 때문에 굳이 다른 수행자에게 물어보겠습니까?
저는 지금 내세에 이익이 되는 것을 깨달았습니다.

종교가 인류 정신사에서 담당해야 할 가장 중요한 역할은 사랑과 자비를 실천하도록 독려하는 것이라 생각합니다. 사랑과 자비의 힘을 일깨우지 못하면 사람들의 영혼을 꽃피울 수 없습니다. 이 품의 끝부분에서 야차가 부처님께 이 세상에 오신 뜻을 깊이 깨닫고 내세에 이익이 되는 것을 깨달았다고 합니다. 이 깨달음의 순간 마음이 열립니다. 자비와 사랑은 이런 뜨거운 열정에서 일어납니다.

니체의 『짜라투스트라는 이렇게 말했다』에는 이런 구절이 있습니다.

나는 방랑자이며 산을 오르는 자이다.

나는 평지를 사랑하지 않는다.
그리고 나는 오랫동안 한곳에 앉아 있질 못하는 것 같다.

산의 가파름이 이 세상의 본질입니다. 삶의 진실은 평지에 있지 않습니다. 가파름을 피하고 평지의 순탄함을 구걸하는 사람은 진리를 사랑하는 사람이 아닙니다. 거친 광야를 생각하면 안에서 뜨거운 모래바람이 먼저 일어야 합니다. 용은 고요한 물에 살지 않습니다. 고요한 물에서는 승천할 기약이 없습니다. 용은 반드시 거친 물결에 깃드는데, 이 거친 기세가 승천의 꿈을 이뤄주기 때문입니다. 부처님의 자비를 기다리는 세상이 우리의 생명이고 터전입니다. 크게 외쳐 봅니다.

"나는 평지에 살지 않겠습니다!"

누가 승리자인가

있는 그대로 보라

이 세상의 지혜로운 수행자는 깨달은 분(佛)의 말씀을 듣고,
이 몸에 대한 진실을 완전히 알게 된다.
그는 이 몸에 대하여 있는 그대로 보기 때문이다.

'저 죽은 시체도 살아 있는 이 육신과 같은 것이었다.
살아 있는 내 몸도 언젠가는 저 죽은 시체처럼 될 것이다.'
이렇게 알고 안으로나 밖으로나 이 몸에 대한 욕망을 떠날 것이다.

사람의 몸은 더럽고 몹쓸 냄새가 심하게 나며
꽃향기로 가려져 있고, 온갖 오물로 가득 차 있으며,
그것이 여기저기에 흘러나오고 있다.

이러한 몸을 가지고 있으면서 자기를 위대하게 여기고 남을 경멸한다면 그는 눈먼 소경이 아니고 무엇이라 하랴!

이 장에서 부처님은 육신의 성질에 대해 말씀하고 계십니다. 육신은 어떻게 이뤄졌을까요? 불교에서는 지地·수水·화火·풍風 사대四大의 요소로 되어 있다고 합니다. 좀 더 쉽게 말씀드리면 뼈와 살, 피와 수분, 체온, 호흡하는 공기로 이루어진 것입니다. 그리고 우리의 입과 귀, 코, 생식기 등 각 구멍마다 불순물이 흐릅니다. 그럼에도 불구하고 세상 사람들은 이 육신을 가꾸고 소중히 여기는 데 온 힘을 기울입니다. 이 몸이 영원할 것이라 착각하면서 살아가고 있습니다.

어리석은 사람들은 본질을 보려 하지 않고 자기만의 색안경을 쓰고 바라보기도 하고, 실상을 왜곡하는 경우가 많습니다. 하지만 외면하고 왜곡한다고 해서 달라지는 것은 없습니다.

최근 우리나라에서 100세 장수에 대한 설문조사를 했다고 합니다. 그 중에 거의 절반은 100세를 사는 것에 부정적이었다고 합니다. 노후의 경제적 고통과 외로움, 자식들에 대한 부담, 무엇보다 시간에 대한 무료함이 가장 큰 문제로 인식되고 있었습니다. 저는 이 뉴스를 흥미롭게 읽었습니다. 이것이 피할 수 없는 삶의 실상이기 때문입니다.

지혜로운 사람은 부처님의 법을 배운 까닭에 이유 없이 삶에 집착하지 않고 있는 그대로를 본다고 했습니다. 남을 무시하거나 우쭐대지도 않고 육신에 대한 바른 이해를 실천합니다. 불교에서는 시체나 유골을 바라보며 명상하는 수행법이 있습니다. 이렇게 관찰을 지속하다 보면 불필요한 에너지를 소모하지 않습니다. 삶을 피곤하게 하지 않습니다. 이것이 진리를 배우는 공덕입니다.

진정한 성인聖人

죄의 씨를 아예 없애 버려라

이미 생겨난 번뇌의 싹을 잘라 버리고,
새로이 또 다른 번뇌를 심지 않고
또 현재 생기는 번뇌를 기르지 않는다면
홀로 걸어가는 저 사람을 성인이라고 한다.
이 위대한 성인은 평안의 경지에 이르렀다.

번뇌의 원인을 연구해서 그 씨를 헤아려 알고,
이에 애착하는 마음을 기르지 않는다면
그는 진실로 생을 완전히 소멸한 종극終極을 본 성인이며,
망상을 버린 그는 두 번 다시 미궁에 빠지지 않을 것이다.

이 장에서는 성인이 어떤 존재인지, 어떤 점이 중생과 다른지에 대해 말씀하고 계십니다. 잘 읽어보면, 우리가 수행을 하고 마음을 바로 쓰면서 지혜롭게 살아가야 하는 이유가 분명해집니다.

성인은 삶과 죽음을 초월한 절대경지의 평화로운 영혼입니다. 구하는 게 있으면 중생입니다. 그러나 성인은 구함이 없습니다. 일체를 알고 일체의 감각을 이겨내기 때문에 물들지 않는다고 했습니다. 이 물듦 없는 경지가 대해탈자유의 경지입니다.

"고독지가수막상蠱毒之家水莫嘗", '독약을 만드는 집에서는 물맛을 보지 않는다'고 하였습니다. 고독蠱毒은 벌레 등에서 나오는 독을 말합니다. 술 만드는 집은 모든 것이 술과 연관이 있을 테고, 목공의 집은 모든 나무 자재가 물건으로 탈바꿈을 합니다.

진짜로 독을 만드는 집이 있을지는 모르겠습니다만, 한 선사가 자신의 가풍에 대해 질문을 받았을 때 이 말을 했습니다. 독약을 만드는 집에는 독이 가득할 테니 매사 조심스러울 것입니다. 이것은 감히 접근할 수도 없는 천길 벼랑과도 같은 드높은 기상을 말합니다.

진리를 깨친 사람은 틈이 없습니다. 괴로우면 괴로움과 하나가 되고, 즐거우면 즐거움과 틈이 없이 하나가 되기 때문에 고민이 없습니다. 그런데 중생은 괴로우면 벗어나려 하고, 너무 즐거워도 딴 마음을 먹습니다. 그래서 중생의 삶은 항상 불안정합니다.

독약을 만드는 집에서는 물맛을 보지 않지만, 만약 약초를 만드는 집이라면 뭐든 먹어도 될 것입니다. 이와 같이 자신이 어떤 사람이 되느냐에 따라 세상이 완전히 달라진다는 것을 기억하시고 죄의 씨를 아예 없애버리시기 바랍니다.

그물에 걸리지 않는 바람처럼

홀로 걸으며 게으르지 않는 수행자,
칭찬과 비난에도 마음이 흔들리지 않고
소리에 놀라지 않는 사자와 같이,
그물에 걸리지 않는 바람과 같이,
진흙탕에 더럽혀지지 않는 연꽃과 같이,
남에게 지도받지 않고 남을 지도하는 사람,
이런 사람을 진정한 성인이라 한다.

남이 제아무리 칭찬을 하거나 비난을 해대도
수영장에 서 있는 기둥처럼 움직이지 않고,
애욕을 떠나 모든 감각感覺을 잘 다스리는 사람,
이런 사람을 진정한 성인이라 한다.

 대단히 유명한 게송입니다. 홀로 걸어가는 사람은 큰 사람입니다. 어떤 말에도 흔들리지 않고 맹수의 왕 사자처럼 의연하고, 바람이 그물에 걸리지 않는 것처럼 자유롭고, 진흙에 뿌리를 박고 자라지만 더러움에 물들지 않고 맑고 아름다운 꽃을 피워올리는 연꽃과 같은 마음이 불교 정신입니다. 세속이 더럽다 하여 떠난 후에 다시 돌아오지 않으면 그는 아직 더러움을 초월하지 못한 사람입니다. 보살은 항상 중생이 사는 삶 속으로 돌아와 자비심으로 중생을 이끌어줍니다.

모든 속박으로부터 자유로운 사람

몸과 마음의 순수함을 잘 지켜서
그 어떤 것에도 마음이 흔들리지 않으며
거만하거나 게으르지 않고 모든 속박에서 자유로운 사람,
이런 사람을 진정한 성인이라 한다.

이 세상을 잘 알고 최고의 진리를 본 사람,
거센 물결과 깊은 바다를 건너는 사람,
속박을 끊고 어디에도 의존하지 않고 번뇌에 물들지 않은 사람,
이런 사람을 진정한 성인이라 한다.

 성인은 세상이라는 거친 물결을 초월하기 때문에 그 어떤 흐름에도 휩싸이지 않습니다. 항상 고결하고 의연한 자세

로 살아갈 수 있다면 그는 성인의 풍모를 지닌 사람입니다.

　세상의 작은 득실에 흔들리지 말아야 합니다. 변하고 흘러가는 것이 세상의 이치입니다. 괴로움도 즐거움도 지나갈 뿐입니다. 시시때때로 변화하는 환경에 영향 받고 괴로워하는 것은 불제자의 바른 모습이 아닙니다. 그것은 결코 부처님께서 원하는 길이 아니라는 것을 깨닫고, 괴로운 일이 닥쳤을 때도 의연하게 '이 일도 금세 지나가리라' 하면서 지켜보십시오. 순식간에 괴로움이 사라질 것입니다.

2. 작은 장

진리의 보배로
축복 있으라

스승, 가장 값진 보배

모든 살아 있는 생명들이여,
땅에 사는 것이나 하늘에 사는 것이나
모두 행복하라.
마음을 가다듬고 내 말에 귀를 기울이라.

모든 살아 있는 생명들이여, 귀를 기울이라.
밤낮으로 공양을 올리는 사람들에게 자비를 베풀라.
그리고 그들을 등한히 여기지 말고 열심히 지키라.

이 세상과 내세의 그 어떠한 부요함도,
하늘나라의 가장 뛰어난 보배라 할지라도,

우리의 스승과 비교할 만한 존재는 없다.
이 뛰어난 보배는 우리 스승, 깨어있는 분(佛) 안에 있다.
이 진리의 보배로 모두 행복하라.

참으로 보석처럼 아름다운 말씀입니다. 법정 스님께서도 이 장을 좋아하셨습니다. 사람에 대한 축복, 이웃에 대한 사랑, 불법을 만난 환희, 진리의 스승을 모시게 된 영광, 자비로운 삶에 대한 확신이 넘쳐나는 말씀입니다. 문장마다 밤하늘의 별처럼 반짝반짝 빛이 납니다. 살아 있는 모든 생명을 사랑하는 마음이 행복, 축복의 근원입니다. 이 사랑이 나를 살리고 윤택하게 합니다. 결코 이 행복을 포기해서는 안 됩니다. 중생의 악한 마음으로 돌아가지 말라는 말입니다. 이런 경구를 만나서 마음에 품을 수 있다는 것만으로도 큰 기쁨입니다.

승단이 기쁨의 원천이다

스승 고타마의 가르침에 따라 살며, 굳은 결심으로 정진하라.
욕심이 없고, 죽지 않음에 들어가고 도달해야 할 경지에 이르러 평안의 즐거움을 얻고 있다. 가장 값진 보배가 모임에 있다.
이 진리의 보배로 모두 행복하라.

마치 성문 밖에 서 있는 저 돌기둥이 땅 속에 깊이 박혀 있으면
사방에서 바람이 세차게 불어와도 흔들리지 않는 것처럼
거룩한 진리를 살펴보는 사람도 이와 같으니
가장 값진 보배가 모임에 있음이여.
이 진리의 보배로 모두 행복하라.

이 구절에서 스승 즉, 진리를 체험한 사람은 부처님 당시 부처님께 귀의하여 수행하는 승가의 구성원, 곧 스님들을 일컫는 말입니다. 출가자로서 "도달해야 할 경지에 이르러 평안의 즐거움을 얻고 있다"라고 하신 말씀을 들으면서 한편으론 부끄럽기도 합니다.

나는 도달해야 할 경지에 이르러 평안의 즐거움을 얻었는가 돌이켜 생각해 봅니다. 더 나아가 가장 값진 보배가 모임에 있다는 말씀은 곧 영롱한 진리의 빛을 밝혀 중생들을 진리의 삶으로 이끌었는가 하는 것입니다. 중생에게 삶의 위안을 주고 길잡이가 되어야 하는데, 과연 얼마나 충실했는가를 생각해 보면 반성할 일이 많습니다. 스스로 수행하면서 법문을 하고, 기도와 축원을 하고, 신도들의 즐거움과 괴로움, 슬픔과 기쁨을 함께 나누는 생활 속의 불교를 더욱 적극적으로 실천해야겠다는 서원을 세워 봅니다. 부처님의 가르침을 행하는 출가자로서의 신념을 목숨처럼 귀하게 여겨야 하겠습니다.

진정한 수행자에게 예배하노라

여기에 모인 우리 모든 살아 있는 중생들은
땅의 것이든 하늘의 것이든 신들과 인간이 섬기는
저 완성된 깨어 있는 사람(佛)에게 예배하나니 모두 행복하라.

여기에 모인 우리 모든 살아 있는 중생들은
땅의 것이든 하늘의 것이든 신들과 인간이 섬기는
저 완성된 '진리'에 예배하나니 모두 행복하라.

여기에 모인 우리 모든 살아 있는 중생들은
땅의 것이든 하늘의 것이든 신들과 인간이 섬기는
저 완성된 '모임'에 예배하나니 모두 행복하라.

부처님의 뜨거운 사랑과 절절한 연민의 마음을 느낄 수 있습니다. 부처님과 보살의 원願은 오직 중생의 행복입니다. 인간은 물론이고 하늘의 신까지 축복하는 종교는 오로지 불교뿐일 것입니다. 부처님은 모든 세계를 분명히 보고 아셨기 때문입니다. 삶의 완성이 얼마나 어려운지를 절감하기에 어렵지 않습니다. 부처님의 가르침을 널리 전하여 세상의 완전한 행복을 향하여 묵묵히 수행하는 승가에 대해 불자들과 출가자들 모두 소중하게 생각하고 공경하는 마음을 잃지 말아야 하겠습니다.

무엇이 불결한 음식인가

욕망을 절제하라

이 세상에서 욕망을 자제하지 않고
맛있는 음식을 탐내고 더러운 행동을 하는 사람,
허무론虛無論을 품고 바르지 않은 행동을 하며
저 완고하고 사리에 어두운 사람들,
이것이 바로 비린 음식이요,
육식은 결코 비린 음식이 아니다.

난폭하고 잔인하며, 험담을 좋아하는 사람,
친구를 배반하고 무자비하고 거만한 사람,
인색하여 전혀 베풀 줄 모르는 사람,
이것이 바로 비린 음식이요,

육식은 결코 비린 음식이 아니다.

화를 잘 내고 거만하고 고집이 센 사람,
반항심, 속임수, 질투, 거짓말, 오만하며
불량배들과 어울리는 사람,
이것이 바로 비린 음식이요,
육식은 결코 비린 음식이 아니다.

이 장은 한 바라문이 과거불過去佛인 가섭 부처님께 불결한 음식에 대해 말하고 질문하는 것으로 시작합니다. 즉, 야채로 된 청정한 음식을 먹어야지 불결한 음식은 먹지 말아야 한다고 하면서 과연 불결한 음식이 무엇인지 여쭤보는 것입니다.

이때에 가섭 부처님이 "이 세상에서 욕망을 절제하지 않고 기름진 음식을 탐내며 사악한 삶을 사는 자가 바로 불결한 음식"이라고 말하면서 갖가지 불결한 음식에 대해 알려주고 있습니다.

오늘날에도 우리가 일상생활에서 의도하든 의도하지 않든 범하고 사는 내용이 많습니다. 속이고, 거짓말하고, 피해를 입히고, 정의롭지 못하고, 성격이 고약해서 불화를 일으키는 사람도 썩은 생선처럼 불결한 음식입니다. 어떻게 하면 불결한 음식과 같은 행동을 하지 않고 삶을 청정하게 만들 수 있을까요?

자신을 잘 다스리면 더럽혀지지 않는다

생선이나 고기를 먹지 않는 것도, 단식, 나체, 삭발, 결발,
먼지와 때, 거친 사슴 가죽을 입는 것도
불의 신에게 바친 번제도, 또는 불멸을 얻으려는 고행도,
베다의 주문도, 제물을 바치고 제사를 지내고 계절에 따른 거친
고행도 그 마음에 모든 의혹을 초월하지 않으면
그대의 영혼을 깨끗이 맑힐 수 없다.

모든 고통을 버린 현자賢者는 감각기관을 억제하고
통로(여섯 개의 감각기관)를 잘 지켜 자신을 이긴 상태에서 행한다.
진리 안에 평안히 서서 바르고 솔직한 것을 즐기고
집착을 떠나 모든 고통에서 벗어났으므로
현자는 보고 듣는 것으로 더럽혀지지 않는다.

종교의식이나 고행, 주문, 간절한 기도로도 영혼을 정화할 수 없다고 하였습니다. 곧 형식적인 것으로는 인생 문제를 해결할 수 없다는 것입니다. 현명한 사람은 스스로를 제어하고 이겨내는 생각의 힘을 키우는 게 중요합니다. 게으른 것도 욕심이고, 괴로움을 겪는 것도 진리 속에 굳건히 뿌리를 내리지 못하고 잘못된 습관에서 벗어나지 못했기 때문입니다. 마음을 다스려서 이 모든 것을 이겨내야 합니다. 그리고 매사에 정직하고 바른 스승을 가

까이 하여 집착과 고뇌를 버린다면 세상의 온갖 더러움으로부터 자신을 지킬 수 있습니다.

중세 아랍의 시인 루미에게 수피 한 사람이 물었습니다.
"경전이 과연 읽어서 유익한 책일까요?"
루미가 대답했습니다.
"그대 자신이 그 책으로부터 도움을 받을 수 있는 상태인지 스스로에게 묻는 것이 더 나을 것이오."

저는 이 글을 읽으면서 무릎을 쳤습니다. 맞습니다. 밖에서 찾지 않는다는 것은 곧 안으로 충분하다는 것을 뜻합니다. 그리고 내 생각과 마음의 보배창고를 읽을 줄 알아야 합니다. 종교의 경전도 결국 자기 스스로 얼마만큼 이해하고 받아들이느냐의 여부에 달려 있습니다. 자신이 이미 그런 조건을 충족한 상태라면 그는 이미 인간을 뛰어넘은 사람입니다. 부처님의 말씀은 이처럼 순간순간 자신을 이겨내고 고매한 인격으로 향상시켜 줍니다.

진실한 우정

죽을 때 후회하지 않는 사람

부끄러움을 잊고 또 싫어하여 '나는 그대의 친구'라고 하면서도
친구를 위해 실제로 할 수 있는 일을 하지 않는다면
이런 사람은 진실한 친구가 아니다.

모든 친구들에게 말만 늘어놓고 실행이 따르지 않는 사람,
'말만 할 뿐 실행하지 않는 사람',
이런 사람은 진실한 친구가 아니다.

 진실한 우정에 대한 말씀을 설하고 계십니다. 이 구절을
보면서 생각나는 문장이 있습니다.

어린 시절엔 예의 바르게 생활하라.
청년이 되면 정열을 자제하라.
어른이 되면 공평한 사람이 되라.
노인이 되면 좋은 조언자가 되라.
죽을 때 후회하지 않도록 하라.

이것은 고대 그리스의 아니하눔 유적지의 비문입니다. 지난 여름엔 도저히 틈을 낼 수 없어 아침 산책 시간에 그동안 보지 못했던 역사, 종교 등의 교양 다큐멘터리를 아이패드에 담아서 보고 다녔습니다. 덕분에 아주 많은 양의 영상을 보았습니다. 그리스 역사에 대한 다큐를 보면서 고대 그리스인들의 생활철학을 볼 수 있는 좋은 격언이라 생각하고 메모해 놓았습니다.

우리나라에도 "세 살 버릇 여든까지 간다" 하여 습관의 중요성을 일깨우는 속담이 있습니다. 동서양을 막론하고 어린 시절에 좋은 습관을 들이는 것은 정말 중요한 일입니다. 어린 가축의 뿔을 교정하는 것도 그렇고, 나무줄기를 바로잡는 것도 더 억세지기 전에 해야 할 일입니다. 이때를 놓치면 점점 더 어려워집니다.

청년기에는 혈기가 왕성하여 감정을 주체하기 어렵습니다. 청년기의 정열을 바른 방향으로 이끌어주면 훌륭한 사람이 되지만, 잘못된 방향으로 가면 큰일입니다. 그래서 정열을 자제하라고 한 것입니다.

어른이 되면 공평한 사람이 되고, 노인이 되면 좋은 조언자가 되라는 말이 저는 참 좋았습니다. 공평한 사람은 균형 잡힌 사고思考와 기품 있는 교양을 가지고 있을 것입니다. 노년에 지혜와 덕을 갖춰 인생의 좋은 조언자가 된다는 것은 생각만으로도 즐거워집니다. 한편 노인이 가장 경계해야 할 일은 노탐입니다. 나이가 들수록 나누어야 하는데 잔뜩 움켜쥐는 분들이 많습니다. 노탐을 버리고 모든 것을 베풀면서 젊은 사람의 조언자로 노년을 보낸다면 결코 외롭지 않고 죽음에 이르러서도 후회가 없을 것입니다.

그 누구도 갈라놓을 수 없는 우정

항상 주의하여 우정을 잃을까 염려해서 아첨하고
다만 친구의 결점만 보는 사람은 참된 친구가 아니다.
그러나 자식이 어머니의 가슴에 기대는 것처럼
그 사람을 의지하고, 다른 사람이 사이를 떼놓을 수 없는 사람
그야말로 이런 사람은 참된 친구이다.

풍요로운 성과를 바라는 사람은 자기에게 알맞은 짐을 짊어지고
기쁨을 낳고, 찬양받고, 안락을 가져올 원인을 닦는다.

멀리 떨어져 있는 한적한 맛, 평안을 맛본 사람,
진리의 법열을 마시는 사람은 고뇌와 악에서 벗어난 사람이다.

평소 생각해 주는 척하면서도 정작 어려울 때 외면하는 사람, 친구의 결점을 드러내는 사람은 진정한 친구가 아닙니다. 친구는 부모형제에게 하지 못할 사생활의 비밀도 나누는 존재입니다. 그런데 말만 앞세우거나, 앞에서의 행동과 뒤에서의 행동이 다른 사람은 진정한 친구라고 하기 어렵습니다. 어머니처럼 의지할 수 있고, 누가 훼방을 놓더라도 틈이 벌어지지 않는 사이라야 진실한 관계가 될 것입니다.

『논어』「이인里仁」편에 "이익을 따라 행동하면 원망이 많아진다"라는 말씀이 있습니다. 사람이 자신의 이익에만 집착하여 행동하면 결국 원망을 사게 됩니다. 자신의 이익도 중요하겠지만 남에게 손해를 끼치거나 궁지로 몰아서는 곤란합니다. 부처님을 따르는 사람들이라면 더더욱 그렇습니다. 어머니가 자식을 생각하듯 살아 있는 생명들이 모두 행복하기를, 잘 되기를 바라는 마음이 일상의 축원이 되어야 합니다.

위없는 행복

행복지수를 높이는 법

온갖 어리석은 사람과 가까이 하지 않고
현명한 사람들과 가깝게 지내고,
존경할 만한 사람들을 존경하는 것,
이것이 위없는 행복이다.

적당한 곳에 살면서 전세에는 좋은 공덕을 쌓고,
스스로 자기 자신을 닦고 바른 서원을 하는 것,
이것이 위없는 행복이다.

박학다식하고 힘써 기술을 익히고 훈련하며
언변이 좋고 몸을 잘 다스리는 것,

이것이 위없는 행복이다.

과연 위없는 행복은 어떤 것일까요? 어리석은 사람과 가까이 않고 지혜로운 사람을 가까이 하는 게 큰 행복입니다. 분수에 맞게 살면서 공덕을 쌓고 바른 삶의 목표를 가지는 건 좋은 일입니다. 그리고 지식과 기술, 좋은 말솜씨를 가진 것도 행복의 조건이 됩니다. 그런데 몸을 잘 다스리고 언변이 좋은 것도 위없는 행복이라고 말씀하시는 게 무척 흥미롭습니다.

몸을 잘 다스려야 한다는 것은 금세 이해가 될 것입니다. 건강은 행복의 주춧돌이기 때문입니다. 언변이 좋다는 것은 무엇일까요? 말 한마디에 천냥 빚도 갚을 수 있고 살인을 면할 수 있다고도 합니다. 한마디 말을 듣고 인생이 바뀐 사람도 있습니다. 말이라는 것이 그만큼 중요한 것입니다. 자기 자신은 물론이고 다른 사람의 생기를 북돋워주고 축복해 주는 말, 행복해지는 말을 주고받을 수 있었으면 좋겠습니다. 벌써부터 우리 사회의 행복지수가 높아지는 것 같지 않습니까?

진리에 대한 통찰과 체험에서 오는 행복

존경과 겸손과 만족과 감사한 마음을 지니는 것,
그리고 적당한 시기에 진리의 가르침을 듣는 것,

이것이 위없는 행복이다.

인내심을 기르고 온순하고 말을 부드럽게 하는 것,
수행자들을 두루 만나 진리의 말씀을 듣고 논의하는 것,
이것이 위없는 행복이다.

수행과 맑은 행실과 성스러운 진리를 보는 것,
그리고 평안히 정定에 듦을 체험하는 것,
이것이 위없는 행복이다.

　　인류사에 요즘처럼 세상이 빠르게 변화한 적도 없습니다. 세상의 변화가 너무 심해서 적응하기도 힘들고 스트레스를 받아 불행감을 겪는 경우도 많을 것입니다. 이럴 때일수록 좋은 스승을 만나고 진리를 배우면 행복이 늘어납니다. 법문을 즐겨 듣고 부처님의 가르침을 가슴에 되새기면 행복해집니다.
　만일 그렇게 하지 않으면 세상의 거친 파도에 쓸려갈 것만 같은 세상입니다. 굳건한 마음으로 바른 가르침을 실천하면 어떤 고난도 자신을 침해하지 못합니다. 어느 시간, 어느 때라도 유지되는 마음의 평화와 행복은 진리에 대한 통찰력과 체험에서 얻어지는 것입니다.

신이 사랑하는 것

세속 일에 있어서도 마음이 흔들리지 않고
근심 걱정과 더러움에서 벗어나 안온한 것,
이것이 위없는 행복이다.

이와 같이 하는 사람은 그 어떠한 경우에도 패하지 않는다.
또한 모든 일에 대해서 편안할 것이니
이것이 위없는 행복이다.

 위없는 행복에 대해 말씀하신 경전 구절을 읽다가 '신이 가장 사랑하는 것'에 관한 이야기가 생각났습니다.

과거에 세상이 온통 어두컴컴한 시기가 있었습니다. 인간세계를 지배하게 된 신은 그 백성들에게 천사를 내려 보냈습니다. 사람들은 신에 대해 매우 궁금해 하고 있었습니다.
"신은 무엇을 가장 사랑합니까?"
천사가 말했습니다.
"웃음이오."
그러나 아무도 그 말을 믿지 않았습니다. 아무도 웃지 않았으며 세상은 여전히 어둡기만 했습니다. 하늘로 올라간 천사는 지금까지의 일을 신에게 말했습니다. 신은 오랜 생각 끝에 하나의 방법을 발견해 냈습니다. 신은 엄격한 규정, 도덕과 윤리에 관련된 목록을 만들어서 천사에게 말했습니다.

"가서 사람들에게 전해라."

인간세계로 내려온 천사는 사람들에게 그대로 알렸습니다.

"이 모든 것을 행하는 것이 금지된다. 그것들을 생각해서도 안 되고 말해서도 안 되며 행해서도 안 된다."

이번에는 사람들도 천사의 말을 믿었습니다. 그러나 천사가 돌아가고 나자 그들은 금지된 것을 행하기 시작했습니다. 그러자 신은 즐거워했습니다. 비로소 사람들이 웃기 시작한 것입니다.

이 이야기는 인간의 심리를 잘 보여줍니다. 완벽하고 절대적인 것은 처음에는 알아보지 못합니다. 그런데 적당한 금기와 억압이 일어나면 그때야 뒤늦게 가치를 발견합니다. 그렇지만 웃음과 행복 그 자체로서가 아니라, 고통과 대비된 아주 작은 크기의 행복과 웃음일 뿐입니다. 웃음은 행복이 보여주는 한 단면의 모습일 뿐입니다. 부처님이 말씀하시는 진정한 행복에 대해 거듭 생각해 보시기 바랍니다.

수킬로마 야차,
부처님을 시험하다

탐욕, 증오, 공포심은 어디에서 왔는가

수킬로마 야차 :
탐욕과 혐오는 어떤 원인에서 생기는 건가요?
좋고 싫음과 소름 돋는 공포심은 어디에서 왔는가요?
마치 철부지 어린아이들이 까마귀를 괴롭히는 것처럼
모든 망상은 어디에서 일어나 방심하게 되는가요?

스승 :
탐욕과 혐오는 바로 자기 자신에게서 생긴다.
좋고 싫음과 소름 돋는 공포심도 자기 자신에게서 생긴다.
마치 철부지 어린아이들이 까마귀를 괴롭히는 것처럼
모든 망상도 자기 자신에게서 생기고 방심한다.

무시무시한 귀신인 수킬로마 야차가 부처님을 시험하는 내용입니다. 탐욕과 혐오는 어디서 생겨나는지, 그리고 좋은 것과 싫은 것, 공포심은 어디에서 왔는지 질문을 합니다. 그때 부처님은 그 자신으로부터 생긴다고 분명히 말씀하셨습니다. 그런데 공포심에 대한 설명을 하시면서 철부지 아이들이 까마귀를 괴롭히는 것에 비유하시는 것이 이채롭습니다.

이런 일은 시작도 끝도 없이 문득 일어났다 문득 사라집니다. 우리 마음의 번민과 욕망도 이처럼 한 생각에 일어났다가 한 생각에 사라지는 것입니다. 그렇기에 번뇌라는 세상의 큰 흐름의 강을 건너는 것이 그리 어려운 일이 아닙니다. 부처님의 가르침을 배우면서 끊임없이 마음의 근육을 단련한 사람들은 번뇌에 흔들리지 않고 편안히 강을 건널 수 있습니다. 아니 바로 지금 이 자리에서 그대로 반야바라밀이 이뤄지고, 이미 피안에 도달한 것입니다.

『주역』에는 "마대를 둘러메고 말까지 탔으니 도적이 노린다(負且乘致寇至)"라는 말이 나옵니다.

마대를 둘러멘 모습은 높은 지위에 있는 사람의 형색은 아닙니다. 옛날에는 지위가 높아야 말을 탈 수 있었는데 마대를 둘러메고 말을 타고 있으니 어딘가 어색합니다. 도적이 이 꼴을 보고 의심을 하다가 빙그레 웃습니다. 별 볼 일 없는 사람이 뭔가 귀중한 것을 가지고 있음을 알아챘기 때문입니다. 눈치 빠른 도둑은 금세 마대를 노리는 것입니다.

자신에게 맞는 일, 자신이 잘 할 수 있는 일을 할 때 편안합니다. 자기에게 어울리지 않는 것을 억지로 하다보면 탈이 납니다. 만물의 이치가 그렇습니다. 남이 문제가 아니라 본인이 견딜 수가 없습니다. 여러 정치인과 관료, 경제인들이 하루아침에 평생 쌓았던 명성과 지위를 잃는 경우가 많습니다. 모두가 자신의 위치에 맞는 행동을 하지 않았기 때문에 자리를 보전하지 못하는 것입니다.

늘 배우는 자세로 살아가야 합니다. 배우고자 하는 의욕이 생기려면 자신이 좋아하고 잘하는 것이어야 합니다. 좋아하고 잘하는 것을 배우고 힘써 익혀야 급변하는 세상의 변화를 읽어내고 대처할 수 있습니다. 요즘 같은 첨단세상에서는 더욱 그렇습니다.

생존의 바다를 건너는 법

그것들은 모두 애착에서 일어나고 자기 자신에게서 나타난다.
마치 용(榕)나무의 어린 싹이 가지에서 생기는 것처럼.
널리 모든 욕망에 집착하는 것 또한 자기 자신에게서 비롯된다.
마치 덩굴풀이 숲 속에 퍼져나가는 것처럼.

수킬로마여, 들어라.
번뇌가 어떤 원인으로 일어나는지 아는 사람들은 그것들을 버릴 수 있다.
그들은 이 건너기 힘들고, 아직까지 누구도 건너간 일이 없는 이 거센 물결을 건너 이제 다시는 태어나는 일이 없으리.

종교의 성인들과 영혼의 스승들, 삶을 통달한 현자들은 한결같이 우리를 지구에 온 여행자라고 말합니다. 그리고 세상은 잠시 머물러가는 여인숙에 비유합니다. 머무는 시간은 일정하지 않습니다. 길고 짧기가 다 다릅니다. 생사에 대해서는 아무도 모릅니다. 누가 먼저 세상과 이별할지 모릅니다. 그렇게 생각한다면 정말 행복한 삶, 기쁨의 삶으로 가꾸기도 바쁜 나날입니다.

아들아, 네가 삶의 길을 여행할 때 누구에게도 상처를 주지 말라.
그 누구도 슬프게 하지 말라.
할 수 있는 한 언제나 누군가를 행복하게 하라.

—위네바고 족 인디언의 말 중에서

우리는 모두 지구별에 잠시 여행 온 여행자입니다. 자기 자신은 물론이고 남에게 상처를 주지 말고 슬프게 하지 말아야 합니다. 인디언의 말처럼 "할 수 있는 한 언제나 누군가를 행복하게" 해 줘야 합니다.

저는 가을이 되면 머릿속에 떠오르는 음악이 두 곡 있습니다. 모차르트의 피아노 협주곡과 조지 윈스턴의 디셈버 피아노곡입니다. 1989년 해인사 선방에 살 때, 여름 한 철 묵언 정진을 했습니다. 그리고 가을 산철에도 해인사에서 지냈는데, 누군가 이 두 곡의 카세트 테잎을 선물해 줘서 포행시간에 숲속에 앉아 떨어지는 낙엽소리와 함께 이 곡들을 들었습니다. 그래서 가을이 되면 무의식중에 이 선율을 느낍니다. 이제 시간을 내서 황국을 사다 심으면 이 도량에도 가을이 행복하게 머물 것입니다.

진리에 맞게 살라

고통에서 벗어나는 법

진리에 맞는 행동, 순결한 행동,
이것을 위없는 보석이라고 한다.
집을 떠난 수행자가 되었다 해도.

거칠게 말하고 남을 괴롭히고 번민에 빠지게 하는 사람,
악행을 좋아하는 짐승 같은 사람의 삶은 더욱 악해지고.
세월이 흐를수록 더러움이 늘어날 것이다.

논쟁을 즐기고 미망의 어리석은 성품으로 뒤덮인 사람은
깨어 있는 분(佛)이 가르쳐 주어도 이해하지 못한다.

그는 무명無明에 끄달려 수양을 쌓은 다른 사람들을 괴롭히고
번뇌가 지옥으로 가는 길임을 모른다.

스스로 순결해지고 서로 연민의 마음을 가지고
순결한 사람들과 함께 사이좋게 살아가라.
지혜로워져 고뇌를 다 없애도록 하라.

사람이 올바르게 살기 위해 노력하는 것이야말로 매우 아름다운 일입니다. 이치에도 맞고 깨끗한 행동은 보석처럼 값집니다. 그러나 거친 말과 남을 괴롭히는 행동은 옳지 않습니다. 불교에서는 일체동근一切同根, 즉 모든 것이 한 뿌리, 한 몸이라 하였습니다. 그런데 하물며 나의 이익을 위해서 어찌 남에게 해를 끼칠 수 있겠습니까. 악행이 쌓이면 악의 과보가 오는 것은 당연한 이치입니다. 악행은 미래의 삶을 불투명하고 어둡게 만드는 원인이 됩니다. 오직 선한 행동과 이치에 어긋나지 않는 행동만이 미래를 밝히고 좋은 결실을 가져옵니다.

"스님, 사는 게 힘이 듭니다. 어떻게 해야 합니까?"라고 상담하시는 분들이 많습니다. 사실 질문하시는 분도 답을 알고 있을 것입니다. 오늘보다 나은 내일, 이생보다 나은 내생을 원한다면 어떻게 하시겠습니까? 부지런히 선업을 닦는 수밖에 없습니다.

업의 힘은 대단히 견고하기 때문에 인간의 의지로 이겨내기 어렵습니다. 자신이 원하는 것과 방향이 다른 결과를 받을 때, 자

꾸 어긋나는 이유는 바로 전생부터 이생에 이르기까지 자신이 알게 모르게 지은 업이 작동했기 때문입니다.

세월이 갈수록 업을 지어 산처럼 쌓아놓지 말고, 고통에서 벗어나는 법을 아셨으니 이제 행동으로 옮기십시오. 올바른 생활, 구도자적인 삶을 사십시오.

진정한 수행자의 삶

진실을 향해 걸어간 바라문들

옛날 현자들은 자제하는 고행자였다.
그들은 다섯 가지 욕망의 대상을 버리고
자기의 참된 의義를 실천했다.

그들은 가축도 갖지 않았고
황금도 없었으며 곡식도 없었다.
그들은 독송讀誦을 재화로 삼고, 곡식으로 여겨
저 유일자 바라문의 창고를 굳게 지켜 왔다.

 한 바라문이 부처님께 과거의 바라문은 어떠했는지, 지금은 법도에 맞게 살고 있는지에 대해 여쭙자, 예전의 바라문에 대해 말씀해 주시면서 바라문이 타락하게 되는 과정을 자세히 일러주셨습니다.

바라문婆羅門은 '브라만(Brahman)'의 음역어입니다. 브라만은 원래 『리그베다』에서 찬미가 또는 제사祭詞를 가리키는 말이었으나 브라만 계급에 의해 제사 만능 시대가 되자 거기에 간직된 신비한 힘으로 간주되었습니다. 인도에서 석가모니 부처님이 탄생하셔서 불교를 일으키기 전에 만연했던 기존 종교가 바로 제식을 위주로 발전한 바라문교입니다. 바라문교는 불교 중흥기에는 불교의 교세에 밀려서 주춤하다가 불교가 쇠퇴해지자 불교의 장점과 인도의 민간신앙을 접목하여 지금의 힌두교로 발전하였습니다.

당시 인도는 사성제라고 불리는 네 가지 신분이 존재하던 계급사회였습니다. 이 계급의 제일 위에 바라문이 있었습니다. 바라문은 신의 대표자로서 왕족(크샤트리아)보다 윗자리인 승려계급으로 크나큰 권위를 가지고 있었습니다. 바라문들은 『베다』라는 경전을 가지고 모든 것을 해석하고 제사를 지내는 특권을 가지고 있었습니다. 바라문은 어려서는 부모님 밑에서 자라다가 성장하면 스승을 찾아서 출가하여 수행하다가 장년에 이르면 다시 집으로 돌아와서 집안을 돌보다가, 늙으면 집안 일을 자식에게 맡기고 수행하다가 생을 마감합니다.

욕심의 늪에 빠진 바라문들

그들은 베다의 주문을 편찬하여 왕에게 가지고 갔다.
"대왕이시여, 당신은 재물도 많고 곡식도 풍부합니다.
신에게 제사를 지내십시오.
대왕이시여, 당신의 재산은 대단히 많습니다.
어서 신에게 제사를 지내십시오."

바라문들의 권유로 왕은 말에 대한 제사, 인간에 대한 제사,
투창에 대한 제사, 소마에 대한 제사,
아무에게나 공양하는 제사 등 갖가지 제사를 지내고,
바라문들에게 재물을 주었다.

소, 침구, 의복, 성장한 여인, 좋은 말이 끄는 멋진 마차와
아름다운 자수를 놓은 의복들…
그리고 장엄한 저택에 여러 가지 곡식을 가득 실어다 주었다.

그리하여 바라문들은 재물을 많이 얻었다.
그러나 그들은 재물을 더 많이 갖기를 원했다.
그들의 욕심은 나날이 늘어갔다.
그들은 베다의 신주神呪를 편찬하여 다시 왕을 찾아갔다.

옛날에는 욕심을 절제하고 살아가던 바라문들이 점차 욕심이 일어나기 시작했고, 재물을 모으기 위해 베다를 편찬하고 제사의식을 시작하는 배경을 설명하고 계십니다. 이것을 '희생제의犧牲祭儀'라 하는데, 한 번의 제사에 가축을 수백 마리씩 죽여야 할 정도로 점점 규모가 커졌습니다. 이에 대해 부처님은 "살생하지 말라"는 계율을 말씀하시면서 살생하여 얻은 가축으로 제의를 지내지 않아도 된다고 가르치셨습니다. 부처님의 말씀은 당시로서는 대단히 자비롭고 혁명적인 것이었습니다. 많은 사람들이 급속도로 불교에 귀의하기 시작했습니다.

바라문이 제사를 권하여 재물이 생기자 이제는 그것을 유지하기 위해 욕심의 늪에 빠진 것입니다. 결국 욕망의 노예가 되고 바라문 본래의 자세도 잃게 된 것에 대해서도 말씀해 주셨습니다.

욕망의 노예가 되다

왕은 바라문들의 권유를 받고 수많은 소를 제물로 잡았다.
발이나 뿔, 그 무엇으로도 남을 해치지 않고,
양과 같이 부드럽고 항아리가 넘치도록 젖을 짜게 해 주는 소를,
왕은 뿔을 잡고 칼을 가지고 소를 잡게 하였다.
칼이 소의 목을 찌르자, 신들과 조상의 신령과 제석천과
아수라와 나찰들이 "불법이다" 소리쳤다.

이와 같이 진리가 퇴색해졌을 때
평민과 노예 계급으로 분열되고
여러 왕족들이 서로 원수가 되었으며
아내는 자기 남편을 멸시하게 되었다.

왕족도 바라문들도 그리고 혈통으로 보호받고 있었던 사람들도 삶에 대한 말씀을 버리고 욕망에 지배받기 시작했다.

"윗물이 맑아야 아랫물이 맑다"는 속담이 생각나는 구절입니다. 진리가 산산조각이 나고 바라문들이 욕망의 노예가 되자 모든 사람들이 삶에 대한 진지한 논의를 그만두고 욕망의 노예가 되어 끌려가기 시작했다는 부처님의 잔잔한 말씀이 서릿발보다 서늘합니다. 그렇습니다. 지도층에 있는 사람일수록 종교인일수록 도덕성이 높아야 합니다. 욕망에서 멀어져야 합니다. 본인뿐만 아니라 주위 모든 사람에게 영향을 미치기 때문입니다.

『장자』「대종사」편에 "기기욕심자其耆欲深者, 기천기천其天機淺", '욕심이 많은 사람은 타고난 기틀이 천박해진다'라는 구절이 나옵니다. "열망의 샘이 깊어지면 하늘의 샘이 말라 간다"라는 말과 일맥상통합니다. 인간세상의 욕망에 집착하면 하늘에 있는 공덕의 샘이 마를 수밖에 없습니다. 탐욕을 부리면 편안한 마음을 잃습니다. 욕망의 늪에서 나오면 더 큰 복덕이 기다리고 있다는 것을 잊지 마십시오.

진리의 문을 여는 법

배움이 깊은 사람을 진심으로 존경하라

만일 이법理法을 배워 알게 되었다면
마치 신들이 인드라신(帝釋天)을 공경하듯
그 사람을 진심으로 공경하라.
학식이 풍부한 그는 공경을 받으면 진심으로 기뻐하고
그대에게 진리를 보여줄 것이다.

생각이 있는 사람은 이것을 열심히 듣고 이해해서
이법에 따른 가르침을 실천한다.
이러한 사람을 가까이하고 게으르지 않는다면
그대 또한 식자識者, 사리를 판단하는 총명한 자가 될 것이다.

아직 사물을 이해하지 못하고 시기와 질투를 하는
소인小人, 어리석은 자를 가까이한다면
그는 이법을 분별할 수도 없을 것이며
의혹을 버리지 못하고 죽음에 이르리라.

마치 수량이 풍부하고 물살이 빠른 강에 사람이 빠지면
세찬 물살에 휩쓸려 떠내려가는 것과 같다.
그러한 사람이 어떻게 다른 사람을 건네 줄 수 있겠는가.

　　　달리 설명을 하지 않아도 의미가 충분히 와 닿는 말씀입니다. 진리를 알고 있는 사람과의 만남은 인생에서 가장 큰 축복을 만난 것입니다.
　어떤 종교에서는 자신들의 전쟁을 성전聖戰이라고 합니다. 그러나 전쟁은 인간사에서 가장 큰 고통을 주는 추악한 일입니다. 전쟁에 어찌 성스러움이 있겠습니까? 단 한순간이라도 싸움에 휘말리지 말아야 할 텐데 수많은 사람들을 죽음의 길로 내모는 전쟁은 절대악이라 해도 과언이 아닙니다. 이런 것을 어찌 종교의 이름으로 행할 수 있겠습니까? 인류 역사를 돌이켜 볼 때 종교로 인한 전쟁이 많았고 지금 이 순간에도 분란이 일어나고 있습니다. 종교의 이름으로 전쟁을 일으키지 않은 종교는 불교뿐입니다.
　부처님은 법조차도 나룻배로 여기라고 하였습니다. 법, 진리라는 이름이 중요한 것이 아니라 하나하나 실천에 옮기는 게 중요합니다. 좋은 스승과 지혜로운 이를 받들어 모시고 공부하면서 배운 대로 실천해야 합니다. 그런데 사이비 스승을 따르는 사람은 진리의 문을 열지 못하고 거센 물살에 휘말려 간다고 하였습니다. 전쟁을 벌이는 종교는 사이비 스승과 같습니다. 조금이라도 전쟁과 같은 마음, 다툼을 조장한다면 사이비 스승입니다.『숫타니파타』에서 훌륭한 스승을 만나셨으니, 이제 힘써 배우고 실천하는 일은 온전히 자신의 몫입니다.

지혜로운 이를 가까이하라

배를 잘 조종할 줄 아는 항해사가
튼튼한 배, 노와 키를 가지고 있다면
다른 많은 사람들을 실어 나를 수 있는 것처럼
그와 같이 베다에 통달하고 자신을 잘 다듬고
배움이 깊어 흔들리지 않는 스승은 스스로 잘 알고 있기에
가르침을 따르는 이들의 마음을 움직인다.

참으로 지혜롭고 학식이 풍부하고 성실한 분들을 가까이하라.
사리를 잘 판단하고 진리를 이해하고 잘 실천하는 사람은
마침내 영원한 안락과 행복을 얻으리라.

『방거사 어록』에 "득편의자낙편의得便宜者落便宜", '편의를 얻으면 편의에 떨어진다'라는 말이 나옵니다. 서면 앉고 싶고 앉으면 눕고 싶은, 점점 더 편해지고 싶은 게 인지상정인지도 모릅니다. 하지만 이렇듯 편의를 얻어 편의에 떨어지면 인생에 향상이 없습니다. 구르는 돌에 이끼가 끼지 않는 것처럼 절대 어느 한 상황에 오래 머물지 말아야 향상이 있습니다.

한편 "불 속을 지나가지 말라. 화상을 입을 것이다. 불을 돌아가는 수많은 길이 있다"는 인디언 오글라라 라코다 족의 격언도 많은 것을 시사합니다. 사람들은 이런저런 문제로 괴롭다고 아우성인데, 자세히 살펴보면 해법이 드러나게 마련입니다. 집중하여 바라보면 의외로 많은 실마리들을 얻을 수 있습니다. 무모하게 나아가려 하지 말고 일을 살펴서 순리대로 풀어나가는 지혜가 필요합니다.

어떻게 하면
최상의 목적에 도달할 수 있는가

바르게 알고 그대로 실천하라

물음 :
어떠한 덕을 닦고, 어떠한 행동을 하고 어떠한 일을 열심히 해야
사람이 바르게 편안히 살 수 있습니까?
가장 뛰어난 진리를 얻을 수 있습니까?

대답 :
윗사람을 공경하고 시기하지 않으며,
스승을 만나러 갈 적에는 적당한 때를 알라.
설법을 들을 수 있는 가장 바른 때를 알며,
스승의 가르침을 힘써 듣고 배우라.

고집을 버리고 겸손한 태도로 때를 맞추어 스승을 찾아가라.
사물과 진리와 자제, 순결한 행동을 마음속에 새겨
언제 어느 때나 실행하라.

최상의 목적인 진리에 도달하기 위해서는 어떻게 생각하고 어떻게 행동해야 하는가? 행복하게 잘 살고 싶은 것은 우리 모두의 한결같은 바람이고 큰 숙제이기도 합니다.

부처님의 말씀을 들으면서 웃음이 절로 나옵니다. 올바르게 사는 길이 그렇게 불가능한 건 아닙니다. 우리가 일상에서 실천할 수 있는 길입니다.

윗사람을 공경하고 시기하지 말라고 하셨습니다. 직장인들 가운데 윗사람 흉보는 재미로 스트레스를 없앤다는 분들도 있다는데 속으로 뜨끔하셨을 것 같습니다. 겉으로 보기에 윗사람을 비난하는 것에 불과하지만, 사실은 자기 마음이 문제입니다. 자기 자신이 열정적으로 일하고 있으면 윗사람을 비난할 겨를이 없습니다. 모든 것을 밖에서 찾지 말고 안에서 찾으라는 말씀입니다.

스승의 가르침을 힘써 배우라고 하셨습니다. 그리고 스승에게 배운 진리를 마음속에 새겨 실행하라고 하셨습니다. 우리의 마음을 어지럽히고 불행하게 하는 감정들은 알고 보면 자기 자신을 잘 다스리지 못해서 나오는 것입니다. 그래서 무엇보다 자기 마음을 안정시키는 것이 중요합니다.

우리가 절에 나와서 법회를 보고 부처님 말씀을 듣는 까닭이 무엇이겠습니까? 살아가는 데 힘이 되기 때문입니다. 평소에 잘 알고 있던 것도 행동에 옮기지 못하는 경우가 많습니다. 절에 와서 법문을 들으면 고개를 끄덕이면서 다시금 각오를 새로이 하고 실천으로 옮기면서 생각보다 큰 즐거움이 있음을 알게 됩니다.

불교에서는 특히 자기 절제와 순결한 행동을 강조합니다. 자기 절제에 대해서는 앞에서도 말씀드렸고, 여기서 순결한 행동은 이타행, 다른 사람을 위해 선행을 하는 것입니다. 세상사람들은 그 누구보다도 자기 자신을 사랑합니다. 이것은 대단히 중요한 일입니다. 자기에 대한 사랑이 넘치는 사람이 다른 사람도 사랑할 수 있습니다. 하지만 자기만을 사랑한다면 곤란합니다. 자기만을 위하다 보면 탐욕이 고개를 들기 시작하고 결국은 외롭고 불행해집니다. 자기를 위한 마음, 자기를 사랑하는 마음이 다른 사람에게 향할 때 더 큰 즐거움이 생깁니다. 이것은 분명한 진실입니다. 남을 행복하게 하면 더 큰 행복이 나를 기다립니다.

진정한 보석상이 되라

진리를 즐기고 진리를 기뻐하라.
진리에 편안히 머물고 진리의 법을 알고,
진리를 해치는 말은 입에 담지 마라.
잘 가르쳐 준 진리에 따라 살아야 한다.

웃음, 농담, 울음, 혐오, 거짓말, 사기, 탐욕, 교만,
격분, 난폭, 더러움, 타락 등의 악행을 모두 버리고
자기 스스로를 고요히 안정시켜 행동해야 한다.

훌륭한 가르침을 귀담아 듣고 이해하면 맑아진다.
들어서 알게 되는 것은 정신을 안정시키는 바탕이 된다.
사람이 성급하고 게으르면 지혜도 학식도 늘지 않는다.

『숫타니파타』를 읽다보면 늘 감동합니다. 부처님이 얼마나 섬세하고 친절하고 지혜롭고 자비로운 분인지 거듭거듭 느끼면서 부처님께 감사하게 됩니다. 진리를 깨달으신 부처님, 한평생 그 진리의 말씀을 우리 중생들에게 가르쳐 주시면서 진리대로 살아갈 때 더 이상 고통도 없고 진정으로 행복한 삶을 살 수 있다는 것을 일깨워 주셨습니다. 그런데도 지혜가 부족해서 부처님 말씀대로 살아가지 못하고 여기저기에서 괴로움을 호소하는 것을 보면 안타까울 뿐입니다. 문득 이야기 하나가 생각나는군요.

한 젊은이가 가난한 수행자를 찾아와 비난을 퍼부었습니다.
"당신은 정말 나쁜 사람이오. 사람들에게 잘못된 지혜를 가르치다니."
그러자 수행자는 손가락에서 반지를 빼내어 젊은이에게 건네며

말했습니다.

"장터의 노점상들에게 이걸 가지고 가서 금화 한 냥이라도 바꿔와 보거라."

젊은이는 수행자를 비웃으며 장터로 갔습니다. 그러나 그 반지를 누구 하나 거들떠보지 않았습니다. 젊은이는 투덜거리며 그냥 돌아왔습니다. 수행자가 다시 말했습니다.

"그럼 진짜 보석상을 찾아가 값을 얼마나 쳐주는지 알아보거라."

젊은이가 보석상에 가서 반지를 보여줬더니 주인은 보자마자 값을 얼마든지 원하는 대로 주겠다고 했습니다. 젊은이가 어리둥절한 표정으로 돌아오자 수행자가 말했습니다.

"보석의 가치를 알고자 한다면 진짜 보석상이 되어 보아야 한다."

노점상과 보석상의 눈이 다른 것을 보고 어떤 생각이 드십니까? 여러분은 가짜와 진짜를 구별할 수 있습니까? 부처님께서는 모든 중생이 부처가 될 성품을 가지고 있다고 하셨습니다. 진짜 보석이라고 하셨습니다. 하지만 우리가 어리석어서 스스로 보석이라는 것을 모르고 살 뿐입니다.

불교는 자신이 보석이라는 것을 알아가는 공부입니다. 불교 공부를 하면서 서서히 익어가고 맛이 들다보면 스스로 보석임을 알고 부처님의 말씀대로 행하여 보석의 빛을 발하게 됩니다. 아름답고 평화로운 세상을 그려봅니다.

부지런히 노력하라

시간을 헛되이 보내지 마라

일어나라. 앉아라. 잠이 그대에게 무슨 이익이 있으랴?
고뇌의 화살에 맞아 고통 받고 있는 사람이 무슨 잠이 있으랴?

일어나라. 앉아라. 평안을 얻기 위해서 한결같이 배워라.
그대의 게으름을 저 죽음의 왕이 알아차리지 못하게 하라.
다시는 그대를 헤매지 못하게 하라.

하늘의 신들과 인간들은 집착에 사로잡혀 사물을 탐내고 있다.
이 집착을 초월하라. 짧은 세월을 헛되이 보내지 마라.
세월을 헛되이 보낸 사람은 지옥에 떨어져 슬퍼하게 되리라.

게으름은 먼지와 때와 같은 것,

먼지와 때는 게으름을 따라서 생기는 것이다.

애써 노력함으로써, 또 밝은 지혜로써

그대 자신에게 박힌 그 고뇌의 화살을 뽑아 버려라.

불교 하면 깊은 산속에서 신통을 부리는 도인이 생각난다는 사람이 많습니다. 하지만 불교는 신통을 부리는 가르침이 아닙니다. 도교처럼 불로장생을 구하지도 않고, 다른 종교처럼 죽은 다음에 천국을 갈구하지도 않습니다. 지극히 평범한 일상생활 속에서 바르게 생활하는 법, 진리대로 살아가는 법을 전하면서 생활 속의 실천을 강조하는 종교입니다.

예나 지금이나 세상은 유혹거리 천지이고, 사람은 누구나 쾌락을 추구합니다. 불교에서는 이것을 오욕락五慾樂이라고 합니다. 즉 먹고 싶고食慾, 잠자고 싶고睡眠慾, 이성과 사랑을 나누고 싶고性慾, 재물을 많이 갖고 싶고財慾, 이름을 떨치고 싶은 名譽慾 權力慾 욕구를 가지고 즐기려는 것을 말합니다.

다섯 가지 욕구 중에서 식욕과 수면욕은 생존에 필수적인 요소인데, 부처님께서는 무엇보다 수면의 달콤한 유혹을 떨치라고 하셨습니다. 가끔 잠 좀 실컷 자고 싶을 때가 있습니다. 그런데 잠은 노력하면 어느 정도 극복이 되는 것을 경험을 통해서 알 수 있었습니다. 잠을 조금 줄이면 정말 많은 일을 할 수 있습니다. 한번 시도해 보십시오.

세상 모든 사람에게 똑같이 부여된 것이 있습니다. 시간입니다. 성공한 사람들은 한결같이 시간을 소홀히 하지 않습니다. 대부분 시간 관리의 습관을 가지고 있다고 할 수 있습니다. 구산 큰스님은 항상 "놀 것 다 놀고, 돌아다닐 것 다 돌아다니고 공부는 언제 하느냐"고 말씀하셨습니다. 진실하고 진실하신 말씀입니다.

라훌라야,
욕망의 유혹을 버려라

부처님의 자녀 교육

아들아, 진리의 길을 걷고자 신심으로 집을 떠나왔으니
사랑스럽고 즐거운 저 다섯 가지 욕심의 대상을 버리고,
사람의 괴로움을 모두 없애는 자가 되어라.

선량한 친구들과 사귀고
번잡한 마을을 떠나 깊숙하고 조용한 곳에 머물러라.
늘 적당한 양量에 맞게 음식을 절제하라.

옷과 음식, 그리고 병자를 위한 물품과 거처,
이런 것에 대해 욕심을 내지 말라.
그리하여 다시는 세속에 돌아가지 말라.

부처님은 출가 전에 결혼하여 아들을 하나 낳았습니다. 아들의 이름을 '장애'라는 뜻의 '라훌라'라고 지으신 것만 봐도 부처님의 심정이 느껴집니다. 부처님은 사랑하는 아들을 두고 출가하셨습니다. 진리를 깨치시어 만 중생의 스승이 되신 부처님의 성도 소식을 접한 부친 정반왕이 신하들을 보내 부처님을 카필라 국으로 모셔오라고 합니다. 그런데 부처님을 모시러 간 신하들마다 부처님의 제자가 되어 돌아오지 않으니 정반왕은 속이 탔습니다. 부처님의 옛날 친구인 신하에게 절대로 출가하지 말고 부처님을 꼭 모시고 오라 신신당부하여 마침내 부처님이 제자들과 함께 카필라 성에 오셨습니다. 그때 부처님의 출가 전 부인이었던 야쇼다라 태자비가 어린 아들 라훌라에게 생부生父인 부처님께 가서 유산을 물려달라는 말을 하라고 부추깁니다. 어머니의 말을 듣고 부처님을 찾아온 라훌라는 부처님을 뵙고 그대로 출가하게 됩니다. 라훌라는 불교 최초의 사미승이 된 것입니다.

왕실에서 온갖 사람의 시중을 받고 자란 라훌라는 활달하고 개구쟁이였나 봅니다. 그도 그럴 것이 귀한 신분으로 태어난 데다 아버지 없이 자란다고 가엾게 여기며 아기 때부터 넘치는 애정을 주었을 테고, 이젠 불교 교단의 최고 스승인 부처님의 아들이었으니 라훌라의 자만심이 하늘을 찌르고도 남았을 것입니다. 그렇기 때문에 부처님은 특히 라훌라에 대한 교육을 엄격하게 하셨습니다. 라훌라에게 삼가야 할 것과 부지런히 닦아야 할 것을 아주 상세하게 가르치면서 사람의 괴로움을 모두 없애는 자가 되라고 거듭 강조하신 것만 봐도 그 당시의 정경이 그려집니다.
　한편 적당한 양에 맞게 음식을 절제하라는 말씀에 이르러선 미소가 절로 나옵니다. 피붙이이자 제자인 라훌라를 세세하게 일깨워 주시는 모습이 세상 어느 아버지보다 더 다정다감하게 느껴지고, 그래서 더욱 애절하게 와 닿습니다.

공자의 자녀교육

　　계율의 규정을 잘 따라서 오관五官을 제어하여
　　네 몸을 잘 살펴라.
　　참으로 세상에 대한 애착을 다 버려야 한다.

　　애욕에 따라 일어나는 저 좋게 보이는 겉모양을 버리고,
　　이 몸은 무상無常한 것임을 가슴에 새겨서
　　마음을 하나로 통일하라.

　　모든 형상은 무상하다는 것을 알아라.
　　마음을 파고드는 오만함을 버려라.
　　아들아, 그렇게 하면 오만을 없애고
　　안정된 마음으로 나날을 보낼 수 있으리라.

출가자에게 가장 큰 가르침은 세상에 대한 미련, 애욕을 모두 버리고 진리를 깨달으라는 당부일 것입니다. 저도 상좌를 하나 두고 나서는 자식을 둔 부모 마음을 어느 정도 헤아릴 수 있게 되었습니다. 불현듯 공자가 자식을 훈계하는 『논어』 「계씨편」의 말씀이 생각납니다.

진항이 백어에게 묻기를, "당신은 혹시 남달리 들은 것이 있습니까?" 했다.

그가 대답하기를, "아직 듣지 못하였습니다. 일찍이 홀로 서 계실 때 제가 종종걸음으로 뜰을 지나는데, '시를 배웠느냐?'고 물으시더군요. 제가 답하기를, '아직 배우지 못했습니다' 하니 말씀하시기를, '시를 배우지 아니하였다면 남과 더불어 말할 수 없다'고 하시기에 저는 물러가서 시를 배웠습니다.

다른 날에 또 홀로 서 계실 적에 제가 종종걸음으로 뜰을 지나니 말씀하시기를, '예를 배웠느냐?'고 하셔서 대답하기를, '아직 배우지 못했습니다' 하니 말씀하시기를, '예를 배우지 아니하면 남 앞에 설 방법이 없노라'고 하셔서 저는 물러가서 예를 배웠습니다. 들은 것은 이 두 가지입니다."

진항이 물러가서 기뻐하며 말했다. "하나를 물어서 셋을 얻었다. 시를 듣고 예를 들었으며 또 군자가 자기 자식을 멀리하는 것을 들어서 알게 되었다."

진항은 공자의 제자로 이름은 자금子禽입니다. 백어는 공자의 아들로서 이름이 리鯉였는데 젊어서 죽었습니다. 리鯉의 아들이『중용』을 쓴 자사子思입니다. 자금이 백어에게 스승의 아들이므로 특별한 가르침을 받았을 것이라 생각하고 물었습니다. 그런데 모두 다 제자들에게 늘상 했던 것과 똑같다는 것을 듣고 공자가 어떠한 분인지 알게 되었다는 것입니다.

진항이 셋을 얻었다는 것을 다시 살펴보면, 첫째는 시를 배워 해박한 지식을 얻는 것이요, 둘째는 예의 중요함, 즉 문화의 중심이 중요하다는 것이요, 셋째, 공자는 성인으로서 자기 자식에게도 사심 없이 똑같이 가르친다는 것입니다.

스승의 가르침도 중요하지만, 제자가 어떤 마음으로 가르침을 받아들이느냐가 핵심입니다. 이제 부처님과 공자의 자녀 교육법을 아셨으니, 받아들이는 것만 남았습니다. 모두들 성인들의 자녀 교육법을 실천하여 학업스트레스로 자살했다는 소식이 더 이상 들려오지 않았으면 하는 바람입니다.

반기사의 질문에 답하다

지혜의 승리자

나는 이와 같이 들었다. 어느 날 거룩한 스승께서 알라비에 있는 아까알라바 나무 밑에 머물고 계셨다. 그때 반기사의 스승인 니그로다깝파라는 장로가 아까알라바 나무 밑에서 임종한 지 얼마 되지 않은 때였다. 반기사는 홀로 앉아 명상하다가 이러한 생각이 일어났다.

'내 스승 니그로다깝파는 참으로 돌아가셨을까? 혹시 아직 살아 계실까?'

그래서 반기사는 저녁에 깊은 생각에서 일어나 스승이 계신 곳으로 갔다. 거룩한 스승께 인사하고 그 곁에 앉았다. 옆에 앉은 반기사는 스승께 여쭈었다.

"거룩한 스승이시여, 제가 혼자 앉아서 깊은 생각에 잠겨 있을 때 이런 생각이 들었습니다. '내 스승은 실제로 죽었는가? 혹은 살아 있는가?'"
그는 자리에서 일어나 옷을 왼쪽 어깨에 걸치고 스승을 향해 합장하고 다음과 같은 시를 읊어 여쭈었다.

"현세에서 모든 의혹을 끊은
위없는 지혜를 가지신 스승께 여쭙겠습니다.
세상에 명성이 높고 마음이 평안한 경지에 들어간 수행자가
이 아까알라바 나무 밑에서 돌아가셨습니다.

저희 의혹을 풀어주십시오. 말씀해 주십시오.
지혜 가득한 분이시여,
그가 아주 죽은 것인지, 죽지 않은 것인지 저희에게
가르쳐 주십시오."

우리가 듣고 싶은 것은 바로 이런 것들입니다.
니그로다깝파라고 하는 스승을 잃은 수행자 반기사가 죽은 후에 자기 스승이 어디에 있는지, 어떤 식으로 해탈을 얻었는지 부처님께 여쭙고 있습니다. 반기사의 질문에는 부처님으로부터 자기 스승의 수행이 결코 헛되지 않았으며, 자신이 받은 가르침도 헛되지 않다는 것을 확인받고 기쁜 마음으로 가르침을 받들어 행하

겠다는 다짐이 깃들어 있습니다.

『논어』「계씨편」에서 공자는 군자를 모시면서 범하기 쉬운 세 가지 잘못에 대해 말씀하고 있습니다.

"말할 차례가 되지 않았는데도 말을 하는 것을 조급하다고 한다. 말할 차례가 되었는데도 말하지 않는 것을 속을 숨긴다고 한다. 안색을 살피지 않고 말하는 것을 눈치가 없다고 한다."

이런 말씀은 오늘을 살아가는 우리들도 유념해야 할 것들입니다. 윗사람을 모시면서 잘 살피지 않으면 실수하기 쉬운 예들인데, 쉬워 보이지만 실제로 지키기 어려운 것입니다. 그런데 수행자 반기사의 질문은 정말 대단한 내용이고, 진리를 깨치신 부처님 같은 분이 아니면 절대 답할 수 없는 질문입니다. 만일 선사들에게 이런 질문을 했다가는 벽력같은 할과 몽둥이찜질이 올 수도 있는데, 자비로운 부처님께서는 자상하게 대답해 주십니다.

그는 생사의 험한 바다를 모두 건너갔다

스승:
그는 이 세상에서 명칭과 형태에 관한 헛된 집착을 끊어버렸다.
오랫동안 빠져 있던 흑마黑馬의 흐름을 끊어버리고

생사의 험한 바다를 건너갔다.

부처님은 반기사에게 확실하게 말씀해 주셨습니다. 스승인 니그로다깝파가 오랫동안 그를 괴롭혔던 무지를 극복하고 생사의 험한 바다를 모두 건너갔다는 부처님의 말씀을 듣고 반기사가 얼마나 기뻐했을지, 얼마나 더 열심히 수행했을지 명약관화한 일입니다. 자기 스승의 수행에 대해 마음 깊이 긍정해 주신 부처님의 말씀이야말로 반기사에게 인생 최고의 선물입니다. 선물이라는 말이 나온 김에 이야기를 한 가지 들려드리겠습니다.

티그리스 강을 한 번도 본 적이 없는 어떤 사람이 강 근처에 사는 칼리프(이슬람 공동체의 통치자)에게 신선한 물을 담은 항아리를 가져왔습니다.
"이곳은 사막에서 가장 목마른 곳이군요."
칼리프는 물 항아리를 받고 감사의 말을 건네며 단지에 금화를 한줌 넣어 되돌려 주면서 말했습니다.
"고맙네, 그대는 사막을 건너왔으니, 다시 건너가려면 물이 필요하겠지."
칼리프는 그 남자를 데리고 건너편으로 가서 성문을 열었습니다. 그리고 맑은 물이 가득 흐르고 있는 드넓은 티그리스 강을 보여주자 남자가 칼리프에게 머리를 조아리며 말했습니다.
"제 선물을 받아주시다니…, 참으로 친절한 분이군요."

칼리프에게 선물을 가져온 사람은 사막에 사는 사람으로서 물을 가장 존귀하게 여기는 사람입니다. 그래서 그는 자신이 가장 귀중하게 생각하는 것을 선물로 올린 것입니다. 하지만 정작 그는 자신이 사막의 끝, 맑은 물이 가득 흐르는 티그리스 강 끝에 와 있다는 것도 모르고 있었습니다. 칼리프는 짐짓 모른 체하고는 감사의 뜻으로 사막을 건너가는 데 필요한 물을 사라며 금화를 항아리에 넣어준 것입니다. 그런 다음 그 남자를 데리고 성의 끝으로 가서 문을 열어 보이니 강물이 넘쳐나고 있었습니다. 그 강이 바로 티그리스 강이었습니다.

이 남자는 자신의 무지함을 나무라지 않고 선물로 받아준 칼리프의 자애로움에 깊은 감명을 받았습니다. 친절도 하시지! 얼마나 부끄러우면서도 감사한 마음이었을지 상상해 보기 어렵지 않습니다. 잘 알면서도 남을 부끄럽지 않게 만드는 사람, 그리고 그런 지혜가 넘쳐나는 세상이었으면 좋겠습니다. 부처님처럼, 칼리프처럼 넓은 이해심과 깊은 사랑에 눈을 뜨기를 기원해 봅니다.

바른 순례

세상에 대해 요구하지 마라

좋은 것이나 좋지 않은 것이나 다 버리고
아무것에도 집착하지 않아 모든 속박에서 벗어난다면
그는 세상에서 바르게 순례하는 것이다.

생존을 구성하는 요소들 중에 견고한 실체(實體)를 보지 않고
모든 집착을 버리고 탐욕에서 벗어난 사람,
그 무엇에 얽매이지 않고, 끌려가지 않는다면
그는 세상에서 바르게 순례하는 것이다.

말과 행동, 마음으로 그 어느 누구도 거역하지 않고,
바르게 법을 알고 니르바나의 경지를 구한다면

그는 세상에서 바르게 순례하는 것이다.

수행자가 '그들이 나를 숭배한다'고 생각하며 거만하지 않고
욕을 먹더라도 화를 내지 않고
음식 대접을 받아도 자랑하지 않으면
그는 세상에서 바르게 순례하는 것이다.

제 눈의 안경이라는 말이 있습니다. 이 말처럼 사람들은 오직 자기중심적인 사고의 틀을 고집하고 내세우려는 경향이 있습니다. 중생이 지닌 특질 중의 하나가 자기에 대한 집착심이기 때문입니다. 그래서 무엇이든 자신의 것으로 소유하려고 하는 고약한 버릇이 있습니다.

하지만 이 세상 그 어느 것도 특정인에게 속한 것은 없습니다. 세상 이치가 그런 것인데, 자꾸 자기 것으로 소유하려고 하니 괴로움이 생기는 것입니다.

괴로움에서 벗어나려면 바르게 살아가면 됩니다. 바르게 살아가려면 먼저 세상을 바르게 봐야 합니다. 불교에서 중시하는 수행 덕목 중의 하나인 '팔정도'의 첫 번째가 '바른 견해(正見)'인 것도 그 까닭입니다.

우리가 종교에서 배울 수 있는 것은 바른 견해를 통한 바른 지혜입니다. 제대로 바르게 잘 알면 잘못될 일이 없고 고통 받을 일도 없기 때문입니다. 저는 노자의 이 말이 좋습니다.

천지는 낳고 기를 뿐 낳았다고 해서 결코 소유하려 하지 않는다.

生之畜之 生而不有

- 『도덕경』 2장

    천지는 만물을 낳고 기르지만 결코 소유하려 하지 않습니다. 이것은 동양의 큰 정신으로 불교와도 통하는 가르침입니다. 불교는 존재의 근본을 공空으로 보기 때문에 더더욱 집착하지 말라고 가르칩니다. 이 세상은 여인숙과 같아서 잠시 머물다 떠나야 합니다. 다음 여행객이 그 방에 들어오기 위해 대기하고 있습니다. 이런 흔연한 자세가 영혼을 성숙시킵니다.

    그런데 정치인은 정치인대로, 기업가는 기업가대로 대단한 착각들을 합니다. 마치 군중이 자신의 것인 양 함부로 말하고 행동합니다. 삶에 집착이 없으면 좋고 싫고도 없고, 우쭐대지도 않고, 교만하지도 않으니 고통 받을 일이 없습니다. 이런 구도자들이 많아질 때 이 세상은 그대로 평화로운 극락이 됩니다.

생존의 요인을 깊이 통찰하라

깊은 신심이 있고 학식이 있는 현자가
궁극의 경지에 이르는 길을 보고
당파 속에 있으면서 당파에 맹종하지 않고

탐욕과 혐오와 분노를 잘 다스린다면,
그는 세상에서 바르게 순례하는 것이다.

순수한 행동으로 번뇌를 이긴 승자여,
베일을 모두 벗어 버리고 모든 사물을 지배하고
피안彼岸에 이르러 움직이지 않고,
생존을 구성하는 모든 요인을 제대로 인식한다면
그는 세상에서 바르게 순례하는 것이다.

과거와 미래에 대해서 망령된 계략을 넘어서
아주 순수한 지혜가 있고,
모든 변화하는 존재의 영역에서 벗어났다면
그는 세상에서 바르게 순례하는 것이다.

궁극의 경지를 알고 이 법을 깨닫고,
번뇌의 더러움을 완전히 끊은 것을 밝게 보고,
생존을 구성하는 모든 요소를 완전히 멸하였으므로
그는 세상에서 바르게 순례하는 것이다.

번뇌를 이긴 승자, 이 세상의 베일을 모두 벗어버리고 저 언덕에 이르러 움직이지 않는 사람, 생존을 구성하는 모든 요인을 깊이 통찰한 사람, 그는 올바른 구도자의 길을 가는 사람입니다. 저 스스로 올바른 구도자의 길을 제대로 가고 있는지 반성해 봅니다. 오늘날과 같은 급변하는 세상에서 가장 필요한 것이 통찰력이 아닌가 싶습니다. 그래서 요즘 경영인들 사이에 인문학 열풍이 불고 있다고 합니다. 세상의 흐름을 통찰할 수 있는 눈이 열려야 빠르게 변화하는 환경에서 기업 경영을 할 수 있는 힘을 얻을 수 있기 때문입니다. 모든 사람이 진리를 깨닫고 통찰할 수 있는 마음의 눈이 열리면 세상이 훨씬 더 풍요로워질 것입니다. 약산 선사의 일화에서도 시사하는 바가 큽니다.

> 약산 스님이 경을 보는데, 한 스님이 물었습니다.
> "스님께서는 평소 다른 사람들에게는 경을 보지 말라고 하시더니, 어째서 스님께서는 보십니까?"
> "나는 그저 눈을 가린 듯이(周遮) 본다."
> "제가 스님을 본받아도 되겠습니까?"
> "만일 그렇다면 그대는 쇠가죽도 꿰뚫듯 할 것이다."

'눈을 가린 듯이(周遮) 본다'는 말은 스쳐 지나듯이 훑는 것을 말합니다. 그러나 마음을 깨닫지 못한 사람은 집착이 강하여 경전을 보면 글자에 걸려 쇠가죽도 뚫을 듯이 한다고 했습니다. 대단히 의미심장한 말씀입니다. 결코 흉내 낼 수 없는 이치입니다. 마음을 자유자재로 쓰기 위해서는 깊게 볼 것과 스치듯 볼 것을 잘 구분해야 합니다.

저는 이 내용을 읽으면서 눈을 감고 한참 동안 생각에 잠겨 있었습니다. 약산 스님은 이 세상을 어떤 눈으로 보셨을까요?

보는 눈이 바뀌면 세상이 달라집니다. 보는 관점에 변화가 일어나고 소견이 바뀌고 사람이 바뀝니다. 물론 사람이 쉽게 바뀌리라는 기대는 순진한 생각이긴 합니다.

하지만 불교는 사람 사람마다 본래 가지고 있는 청정한 마음, 불성이라고 표현하기도 하고 여래장이라고 표현하기도 하는 근본 마음에 대한 믿음을 중요시 합니다. 모든 존재에 대한 무한한 신뢰와 사랑의 종교가 불교입니다. 당신도 올바른 구도자의 길을 행하는 순간만큼은 부처님입니다.

제자 담미까의
물음에 답하다

수행자에게 어울리는 길

지혜가 빛나는 고타마여, 저희는 당신께 묻습니다.
어떻게 하면 당신께 가르침을 받을 수 있습니까?
집에서 나와 집을 떠나는 것이 좋습니까?
집에서 머물면서 믿는 편이 좋습니까?

스승 :
수행자들이여, 내 말을 들으시오.
번뇌를 없애는 이 법을 그대들에게 가르쳐 주겠다.
그대들은 이것을 잘 지녀야 한다.
인생의 뜻을 보는 지자智者는
집을 떠난 수행자에게 합당한 행실을 배우고 행해야 한다.

출가수행자는 때가 아닌 때에 돌아다니지 마라.
정해진 때에 음식을 얻으러 마을로 가라.
때가 아닌 때에 돌아다닌다면 집착에 매이기 때문이다.
그래서 깨어 있는 사람들은 때가 아닌 때에 돌아다니지 않는다.

모든 형상과 소리, 맛, 냄새, 감촉은 사람을 취하게 한다.
이러한 것에 대한 욕망을 잘 다스리고
정해진 때에 음식을 얻기 위하여 마을로 들어가라.

부처님께 출가자와 재가자의 길, 그리고 재가자로 살지라도 출가자처럼 사는 경우에 대해 여쭙는 담미까의 질문은 현재의 우리들에게도 해당하는 내용입니다. 저도 몇 차례 그런 질문을 받은 기억이 납니다.

스님들은 대부분 이 두 가지 길에서 고민을 해 본 경험이 있을 것입니다. 목적을 향해 가는 생각 깊은 사람은 수행자에게 알맞은 행동을 익히고 실천해야 합니다. 먼저 정해진 때에 돌아다니라고 하시면서 때 아닌 때에 돌아다니면 집착에 얽매이게 된다는 점을 강조하셨습니다. 세상의 모든 것이 현란하여 오욕락을 유혹하는 것이요, 오욕락에 눈길을 빼앗겨 의식이 밖으로 치달으면 그만큼 내면이 허술해지고 번뇌에 물들기 때문입니다.

출가자들이 지켜야 할 실천 덕목

출가수행자는 정해진 때에 주는 음식을 얻어서
혼자 물러나 조용한 그늘에 앉아라.
자신의 마음을 절제하고 반성하고 방심하지 마라.

만일 다른 수행자와 함께 이야기하는 일이 있다면
그 사람에게 뛰어난 진리를 가르쳐 주어라.
남을 험담하거나 비방하지 마라.

어떤 사람들은 비방하는 말에 금세 반발한다.
이와 같이 지혜가 적은 사람들을 우리는 반기지 않는다.
우리는 결코 칭찬할 수 없느니,
여기저기에서 논쟁의 집착이 생겨 그들을 속박하고,
그들은 방심하여 논쟁에 마음을 빼앗기게 된다.

지혜가 뛰어난 사람(부처님)의 제자는
행복한 사람(부처님)이 가르치신 법法을 새겨 듣고
음식과 거처, 침구와 좌복, 옷(大衣)
옷의 때를 씻기 위한 물을 주의해서 잘 써야 한다.

음식과 침구와 좌복, 옷의 때를 씻기 위한 물 등에 대해 출가수행자는 이런 것에 대한 집착으로 더럽히는 일이 없다.
마치 연꽃잎에 구르는 물방울처럼.

출가자가 지켜야 할 계율을 계속해서 말씀해 주고 계십니다. 다른 사람의 비방에 휘둘리지 말고, 논쟁에 마음을 빼앗기지 말라고 당부하시는 모습이 이채롭습니다.

당시 인도의 사상계에서 불교는 대단히 혁신적이고 진취적인 가르침인데다 부처님을 뵙자마자 출가하는 사람들이 많아서 이교도들의 음해를 많이 받았습니다. 그러한 일화도 경전에 아주 많이 나옵니다. 부처님께서는 그때마다 시간이 지나면 진실은 드러나므로 일일이 대응하지 말고 침묵하라 하셨습니다. 실제로 부처님 말씀처럼 처음에는 이교도들의 말을 믿고 불교를 비판하던 사람들이 시간이 지나면서 진실을 알고 오히려 부처님께 귀의하는 사람들이 더욱 많아져 불교가 단기간 내에 뿌리내리게 되었던 것입니다.

한편 음식, 거처, 침구와 좌복, 옷 등 수행자의 일상생활에 필요한 물품에 대해서 일일이 거론하시면서 물건에 대한 집착으로 마음을 더럽히지 말라는 말씀을 하고 계십니다. 당시 불교 교단이 얼마나 청정한 수행공동체였는지 잘 알 수 있는 대목입니다.

재가자들이 지켜야 할 실천 덕목

다음은 집에 머물고 있는 재가자들이
해야 할 일에 대해 말해 주겠다.
내가 가르쳐 준 대로 실행하는 사람은
좋은 '가르침을 듣는 착한 제자(佛弟子)'이다.
그러나 집 떠난 순수한 수행자들을 위한 규정을
집에 머무는 그대들이 실천하기는 힘든 일이다.

첫째, 살아 있는 생명을 죽이지 마라.
둘째, 주지 않는 것을 갖지 마라.
셋째, 거짓말을 하지 마라.
넷째, 술을 지나치게 마시지 말라.
다섯째, 부정한 음행을 하지 말라.
여섯째, 때 아닌 밤중에 음식을 먹지 말라.
일곱째, 꽃다발처럼 화려한 것을 걸치지 말고 향을 쓰지 마라.
여덟째, 땅 위에 자리를 깔고 누워라.
이것을 여덟 가지 계율(우포사타, 八戒)이라 한다.

이 여덟 가지 계율은 모든 괴로움을 없앤 부처님이 가르쳐 주신
것이다.
각각 제 14일, 15일, 8일에 '여덟 가지 계율'을 지키라.

또한 정당하게 번 재물을 가지고 부모를 봉양하고
바른 직업을 갖고, 정성껏 살아가는 사람은
생을 마치면 '스스로 빛을 낸다'는 이름의 신들 곁에 태어나게
된다.

부처님은 재자가들이 출가 수행자들을 위한 계율을 실천하는 것은 힘든 일이라고 하면서 재가자가 지켜야 할 여덟 가지 실천 덕목에 대해 말씀해 주셨습니다. 우리가 알고 있는 오계(다섯 가지 계율)에 더하여 밤에 음식을 먹지 말고, 화려한 것을 걸치지 말고 심지어 향수를 쓰지 말라는 말씀도 하셨습니다. 부처님이 얼마나 자상한 분인지 엿볼 수 있는 부분입니다. 밤에 음식을 먹으면 탈이 나기 쉽습니다. 화려한 것을 걸치지 말라는 것은 사치하지 말라는 말과 통합니다. 사치를 하다보면 욕망이 극대화되고 욕망은 불행의 원인이 됩니다. 오늘날에도 명품을 좋아하는 사람이 카드빚에 내몰려 급기야 도둑질까지 하는 경우도 있고, 사채를 잘못 빌렸다가 생명을 위협받기까지 했다는 뉴스가 심심찮게 들려옵니다.

부처님은 불자들에게 불행의 원인이 되는 행동을 미리 경계시켰던 것입니다. 게으르고 선하지 않은 행동은 불행의 원인이 되어 암흑의 길로 빠져들게 하는데, 중생들은 오히려 이를 즐기고 있으니 부처님이 그토록 실천 덕목을 강조한 것입니다.

3. 큰 장

그들은 왜 집을 버리고
출가出家하였을까

집 없는 구도자의 삶을 택하다

눈이 있는 사람(부처님)은 왜 집을 떠나셨는가?
그는 무슨 생각으로 즐겁게 집을 떠났는가?
그가 집을 떠난 내력을 말하려고 한다.

집은 비좁고 번거롭다. 집에 쌓이는 것은 오로지 먼지뿐,
그러나 집을 떠나면 넓고 넓은 곳이 다 내 집이다.
전혀 번거로움이 없어 집을 떠난 것이다.

집을 떠난 후에는 몸으로 짓는 모든 악행에서 떠났다.
말로 하는 악행까지도 다 버리고
생활을 아주 순결하게 정화하였다.

부처님은 일국의 태자로 태어나 세속의 부귀영화를 다 누리신 분입니다. 세상 사람들 누구나 원하는 오욕락을 맛보셨던 분입니다. 어쩌면 그것을 경험해 보셨기에 그에 대한 괴로움을 더욱 확실하게 느끼셨을지도 모릅니다. 사람들이 무엇을 위해 그토록 분주하게 쫓기듯 살아가고 있는지 생각해 보십시오. 그 원인을 살펴보면 오욕락입니다. 오욕락에 집착하는 삶을 살다보면 행복감은 한 순간이요, 고통은 평생 동안 이어집니다.

부처님께서는 이 오욕락의 집착에서 벗어나면 우주 전체가 내 집이 된다고 하셨습니다. 출가야말로 세속의 굴레로부터 벗어난 대 자유의 길이기 때문입니다. 또한 부처님 당시에는 출가 수행자는 한 장소에서 3일 이상 머물러서는 안 되는 규율이 있었습니다. 어디든 머물면 집착이 생기기 때문입니다.

출가는 집착 없는 삶, 순결한 삶을 동경하는 마음이 있어야 가능합니다. 악행의 습관을 고치고 바른 업을 닦는 생활을 하고자 출가하는 것입니다. 악행은 영혼을 어둡고 거칠게 변모시킵니다. 맑은 물에 검정색 물감을 한 방울만 떨어뜨려도 탁해지는 것과 같습니다. 맑은 행동으로 자신을 순결하게 정화하고, 그렇게 살아가는 분들을 존경해야 합니다. 사람이 희망입니다. 맑고 아름다운 실천이 희망입니다.

욕망에는 반드시 불행이 뒤따른다

빔비사라 왕:
수행자여, 젊은 청춘을 노래하는
인생의 첫 문에 들어선 젊은이여,
용모가 수려하고 귀한 것으로 보아
그대는 아마도 고귀한 왕족으로 태어난 것 같소.

그대에게 코끼리 떼를 앞세우는 정예군대를 정비하여
높은 관직을 주고, 많은 재물을 주겠소.
그것을 기꺼이 받아 누리시오.
젊은이여, 나는 그대가 어느 가문의 태생인지 알고 싶소.

스승:
대왕이시여, 저 히말라야 산 중턱에 한 민족이 살고 있으니
옛날부터 풍성한 재물과 용기로 이름이 있는 민족이오.
성은 '태양의 후예'라 하고, 종족은 석가족釋迦族이라 하오.
대왕이시여, 나는 그 가문에서 태어나 집을 떠났소.
내가 출가한 것은 결코 욕망을 채우기 위한 것이 아니오.

모든 욕망에는 반드시 우환이 따른다는 것을 보고 집을 떠났소.
이 욕망의 세상에서 벗어남이 안온함을 보았소.

나는 꾸준히 노력하며 나아갈 것이오.
내 마음은 이것을 즐기고 있소.

마가다 국의 빔비사라 왕이 왕궁의 누대에서 백성들의 삶을 지켜보다가 한 수행자가 탁발하는 것을 보았습니다. 그런데 그 풍모가 보통사람과 정말 달랐습니다. 범상치 않은 수행자의 자태에 호기심을 느낀 빔비사라 왕은 신하에게 그 뒤를 밟도록 명령했습니다. 빔비사라 왕은 신하의 보고를 받고 숲의 동굴에서 고요히 정定에 들고 있던 수행자를 찾아와 군대의 총사령관직을 제안하면서 많은 재물을 약속하기도 합니다. 하지만 싯다르타 태자는 자신이 석가족 출신으로서 욕망을 거부하고 행복을 만끽하면서 부지런히 수행하고 있다고 했습니다.

수행도 부처님처럼 행복하게, 마음의 평안 속에서 해야 합니다. 세상 일도 마찬가지입니다. 일을 할 때 즐겁고 행복하게 하는 습관을 들이면 크나큰 성취를 이룰 수 있습니다. 남의 일을 하듯이 억지로 하는 것은 일의 능률도 오르지 않을뿐더러 자신의 인생에 마이너스 요소가 됩니다.

인생을 습관이 쌓이고 쌓여서 이루어지는 집이라고 볼 때 좋은 습관이야말로 인생이라는 집의 가장 좋은 자재입니다. 그러고 보면 출가는 좋은 습관의 정수입니다. 출가자를 볼 때마다 좋은 습관을 떠올리고 닮아가려고 노력한다면 세상이라는 집에서도 진정으로 행복한, 성공적인 인생이 될 것입니다.

최선을 다해 정진하라

결과는 까닭 없이 오지 않는다

고행자여, 그대가 죽음을 면하고
소생할 가능성이 전혀 없어 보인다.
그대는 어떻든 살아야 한다. 사는 편이 훨씬 낫다.
생명이 있어야 모든 선업善業을 지을 수 있지 않은가?

그대는 베다를 배우는 사람으로 계율을 지키고,
순결한 행실을 하고,
성화聖火에 제물을 바침으로써 많은 공덕을 쌓을 수가 있다.
그토록 고행苦行에 정진해서 무엇을 하겠다는 말인가?

애써 노력하는 길은 가기 힘들고 행하기 어렵고

도달하기 어렵다.
이 시를 읊으면서 마라가 깨어 있는 사람(부처님)의 곁에 섰다.

부처님은 마라에게 이렇게 대답하셨다.
"게으름뱅이의 친구여, 악한 자여,
그대는 세속의 선업을 구하기 위해 여기에 왔지만,
나는 세속의 선업을 구할 필요가 털끝만큼도 없다.
마라여, 그대는 선업의 공덕을 구하는 자들에게
말하는 게 좋으리라.

내게는 신심과 노력, 부동不動의 지혜가 있다.
이와 같이 정진하는 내게 어찌하여 생에 대한 애착을 묻는가?

네란자라 강가에서 고행하는 부처님을 마라(mara, 도를 닦는 데 방해가 되는 귀신이나 사물)가 유혹하는 장면입니다. 마라는 부처님께 굳이 그렇게 목숨을 위협받을 정도로 고행하지 말고 세상의 쾌락을 누리면서 즐겁게 살라고 속삭입니다. 부처님의 구도열을 약하게 만들려는 마라의 수작입니다. 이때 부처님께서는 신념과 노력, 어떤 것에도 흔들리지 않는 지혜가 있다고 하시면서 생에 대한 애착을 권하지 말라고 분명히 경고합니다. 사실 요즘 사람들도 스님들이 머리 깎고 출가해서 고행하는 것을 이해하기 어려울 것입니다. 구도의 길을 가면서 느끼는 법열을 어찌 말로 설명할 수 있겠습니까.

"과불래허果不來虛", '과덕果德은 까닭 없이 오지 않는다'는 말이 생각납니다. 불교에서는 원인 없는 결과는 없다고 합니다. 원인과 결과는 항상 톱니바퀴처럼 맞물려 있습니다. 최선을 다해 살아가는 사람들은 부처님 출가의 참 뜻을 헤아릴 수 있을 거라는 생각이 듭니다. 죽을 각오로 최선을 다해 살아보십시오. 그러면 죽음을 불사하는 각오로 정진하는 구도의 경지를 맛볼 수 있을 것입니다.

나는 제자들과 함께 살아간다

마라여, 세상 사람들도 저 신들도
그대의 군대를 깨뜨릴 수는 없지만
나는 지혜의 힘으로써 그대의 군대를 무찌르리라.
마치 굽지 않은 항아리를 돌로 깨뜨려버리듯.

스스로 사유를 다스리고 신념을 확립하고
이 나라에서 저 나라로 두루 다니리라.
내게 가르침을 듣고자 하는 이들을 이끌어 주면서.

그들은 게으르지 않고 마음을 다 기울여
내 가르침을 적극적으로 실행하고 있다.

그들은 마침내 근심과 욕망이 없는 경지에 이르리라.

> 부처님의 마음이 어디로 향하고 있는지 알 수 있는 대목입니다. 부처님은 늘 푸른 지혜의 힘으로 악마의 군단을 물리치고 생각을 다스리면서 가르침을 듣고자 하는 이들을 이끌어 주고 계십니다. 절에서는 아침 저녁으로 부처님 전에 예불을 드립니다. 예불문의 마지막 구절이 "자타일시성불도自他一時成佛道", '나와 남이 함께 성불하여지이다' 하는 내용입니다. 우리 모두 욕망에서 벗어나 함께 니르바나의 세계로 가자는 것이 부처님의 뜻입니다. 이제 부처님의 뜻을 잘 아셨으니 실천하리라 믿습니다.

정성이 지극하면 감화시킬 수 있다

이 말씀을 듣고 마라가 말했다 :
나는 7년 동안이나 부처님의 걸음걸이를 따라다녔다.
그러나 잘 조심하는, 깨달음의 경지에 이른 이에게서
조금의 빈틈도 발견할 수 없었다.

> 마라가 부처님께 어떤 허점도 발견할 수 없다고 하면서 항복하는 장면입니다. 우리도 정성 들여 수행을 하면 부처님처럼 될 수 있습니다.

도가와 유가에서도 이러한 이치를 일깨워주고 있는데, 『중용』 제23장에 "오직 천하의 지극한 정성이라야 다른 사람을 감화시킬 수 있다(唯天下至誠 爲能化)"라는 내용이 나옵니다.

이는 『주역』 「계사」 하 제2장의 "역이 궁하면 변하고 변하면 통하고 통하면 오래간다(易 窮則變 變則通 通則久)"라는 이치에서 연유합니다. 또 『대학』 「성의誠意」장의 "속마음이 성실하면 밖으로 드러난다(誠於中 形於外)"라는 구절과 같은 의미입니다. 온 정성을 다해 생활하면 세상에 이루지 못할 일이 없고 마침내 깨달음의 완벽한 경지에 이를 수 있습니다.

말을 잘하는 비결

스승:
착한 사람이여, 가장 좋은 말을 하라. 이것이 그 첫 번째다.
법法을 말하고 법 아닌 것(非法)을 말하지 말라.
이것이 그 두 번째다.
좋은 것을 말하고 좋지 않은 것을 말하지 말라.
이것이 그 세 번째다.
진실을 말하고 거짓을 말하지 말라. 이것이 그 네 번째다.

반기사:
좋은 말만을 하라.
이것은 사람들에게 기꺼이 환영받을 말씀이다.
느낌이 나쁜 말을 쓰지 않고
남의 기분에 적당한 말만 하는 것이다.

진실은 참으로 불멸의 언어다. 이것은 영원의 법칙이다.
착한 사람들은 진실 위에, 사물 위에,
그리고 이 법 위에 편안히 서 있다.

평안한 니르바나에 이르기 위해서,
이 고뇌를 끝내버리기 위해서.
부처님, 당신의 그 온화한 말씀은
실로 모든 말 중에 가장 뛰어난 것입니다.

좋은 말을 하라는 부처님 말씀을 보면서 "조화미색구다인 調和美塞口多人"이라 하여, 간을 맞춘 좋은 맛은 여러 입에 맞는다는 말이 생각나는군요. 불법을 알아 가면 우주 만물의 이치에 눈을 뜨게 되어 세상을 조화롭게 살아가는 안목이 생깁니다. 양념을 적당히 넣고 간을 잘 맞춘 음식은 모든 사람의 입에 잘 맞기 마련입니다. 여러 사람이 맛보아도 맛있게 느껴지듯 한 음식이 두루 통한다는 뜻입니다. 이 정도가 되려면 어지간한 솜씨로는 안 됩니다. 정말로 솜씨 좋은 사람은 세상을 살아가는 것도 즐겁고 행복할 것입니다.

살아가는 데 말이 차지하는 비중이 매우 큽니다. 오죽하면 말 잘하는 기법을 가르쳐 주는 학원까지 있겠습니까? "말 한마디에 천 냥 빚을 갚는다"는 속담이 있는 것처럼 좋은 말을 하고, 남에 대해 좋게 말하는 습관은 아무리 강조해도 지나치지 않습니다. 매사에 부정적인 사람은 긍정적인 사람보다 말이 거칠고 다른 사람에 대해 좋지 않은 말이 나오기 마련입니다. 먼저 마음을 긍정적으로 밝게 만드는 것이 중요합니다.

    부처님께서도 말을 잘하는 비결에 대해 말씀해 주셨는데, 단순한 말솜씨가 아닌 진리를 깨친 사람의 삶에 대해 말씀해 주신 것입니다. 옳은 말, 진리의 말, 좋은 말, 진실한 말 등을 실천하면서 살아가면 복을 짓고 공덕을 쌓아 이생에서도 내생에서도 좋은 세상이 펼쳐질 것입니다.

불을 섬기는 사람
순다리까의 질문에 답하다

어떤 사람에게 공물을 바쳐야 하는가

순다리까:
고타마여, 저는 제사 지내는 것을 좋아합니다.
그러나 저는 제사의 의미를 잘 알지 못합니다.
누구에게 어떻게 헌공獻供해야 효과가 있는지 가르쳐 주십시오.

스승:
출생을 묻지 말고 행실을 물으라.
불은 모든 땔감에서 생기는 법,
천한 가문에서 태어난 사람일지라도
거룩한 이로서 진리를 구하는 마음이 굳고,
부끄러운 마음, 뉘우치는 마음으로

행동을 자제하면 고귀한 사람이 될 수 있다.

'내 것'이라 생각하는 것을 모두 버리고 집착에서 벗어난 사람,
그렇게 세상을 살아가는 사람들에게 때때로 공물을 바쳐라.
복과 덕을 구한다면 그들에게 공양을 올리라.

바라문인 순다리까가 강변에서 성스러운 불을 만들어 공양을 올리고 나서 제사에 올렸던 음식을 베풀려다가 부처님을 발견하고는 진정한 공양의 의미에 대해 여쭙고 있습니다. 그 당시 인도에는 부처님뿐만 아니라 집을 떠나 고행하는 사람들은 대부분 삭발하였고, 사람들에게 공양을 받아서 살아가고 있었습니다. 이 질문에 대해 부처님께서 친절하게 답해 주고 계십니다. 부처님의 열 가지 명호 중에 '응공應供'이 있습니다. '마땅히 공양을 받을 만한 분'이라는 뜻입니다. 부처님께서는 '내 것'이라는 집착을 모두 버린 사람에게 공물을 바치라고 하셨습니다.

욕망을 벗어버린 이에게 공물을 바쳐라

스승:
모든 욕망을 벗어 버리고 욕심을 이기고
생사의 끝을 알아서 평안한 사람,

저 호수처럼 맑고 깨끗한 사람,
완전한 사람(如來)에게 공물을 바쳐라.

완전한 사람(如來)은 평등한 자(과거의 여러 부처들)와 같고,
평등하지 않은 자들과는 멀리 떨어져 있다.
무한한 지혜를 지녀 이 세상에서나 저 세상에서나
더럽힘에서 물들지 않는 사람, 그에게 공물을 바쳐라.

완전한 사람, 위대한 성인,
번뇌의 더러움과 악행을 소멸시킨 사람,
그런 사람에게는 다른 음식을 드려야 한다.
그러면 공덕을 원하는 자의 복밭이 될 것이다.

순다리까:
눈이 열린 사람이여, 당신은 헌공을 받을 만합니다.
당신은 가장 뛰어난 복밭을 가지고 있고,
온 세계의 공물을 받으실 분,
당신께 바친 공물이야말로 큰 보답을 가져올 것입니다.

생사의 끝을 알아서 평안한 사람이야말로 공양을 받을 만한 자격이 있는 사람이라고 설하신 다음에, 위대한 성인들은 중생들의 복밭이 된다는 것을 일깨워 주셨습니다. 마침내 순다

리까는 마음 깊이 우러난 경애의 표현으로 부처님이야말로 공물을 받을 자격이 있다고 말씀드리면서 인간과 하늘에 복을 심는 큰 원천이 되는 성인이라는 믿음을 표현하고 있습니다.

스님들의 가사를 자세히 보신 분은 아시겠지만, 법계가 높아질수록 가사의 조각이 많아집니다. 이것은 논밭을 뜻합니다. 땅이 많아지면 농사를 많이 지을 수 있고, 그 땅에서 곡식을 많이 거둘 수 있는 것과 같습니다. 마땅히 공양을 받을 만한 분들에게 공물을 올리는 것도 복을 짓는 것이지만, 만나는 사람마다 행복하게 미소 짓고, 자신의 일을 기쁜 마음으로 하는 것도 복을 짓는 것이니 세상이 복밭입니다.

청년 마가의 물음에 답하다

자비가 온 누리에 넘쳐흐르게 하라

마가:
공덕이 되고 복밭을 얻기 위하여 공양을 올리는 사람이
이 세상에서 다른 사람에게 음식을 줄 때
어떻게 하면 완전한 공양이 되겠습니까?

스승:
탐욕을 버려라. 사악한 마음을 제어하라.
또한 한없는 자비심을 일으켜라.
밤낮으로 게으름을 피우지 말고
무한한 자비의 마음이 온 누리에 넘쳐흐르게 하라.

마가 :

누가 순수한 사람입니까?

누가 해탈하고 누가 얽매이겠습니까?

무엇으로 인하여 인간은 스스로

범천계梵天界에 이를 수 있습니까?

스승 :

마가여, 지극정성으로 공양을 올리라.

도움 받는 사람을 기쁘게 하라.

이와 같이 바른 공양을 올리는 사람은

반드시 범천계에 태어날 수 있을 것이다.

마가라는 젊은이가 복을 짓는 방법을 여쭙고, 이에 대해 부처님이 답을 하시는 내용입니다. 부처님은 탐욕과 미움을 버리고 한없는 자비심을 일으켜 그 자비심이 넘쳐흐르게 하는 것이 최고의 복 짓는 방법임을 말씀해 주셨습니다.

얼마 전 호주의 한 간병인이 암에 걸려 죽음에 이른 남자들이 후회하는 다섯 가지 공통점에 대해 언급한 것을 보고 공감이 갔습니다. 첫째, 남을 의식하지 않고 내가 하고 싶은 일을 할 걸… 둘째, 일을 좀 덜할 걸… 셋째, 화 좀 덜 낼 걸… 넷째, 친구들을 더 챙길 걸… 다섯째, 도전하며 살 걸 등의 순이었습니다.

자신에게 맞고 가장 잘 할 수 있는 일을 하는 사람은 그렇지 못한 사람보다 분명 더 아름답게 사는 것입니다. 그리고 가족과 친구들에게 시간을 더 많이 내고 베풀 수 있는 삶이 아름답습니다. 만물에는 각자의 성질이 있어서 그 성질을 잘 살펴서 살아가면 삶이 풍요로워집니다. 또한 부처님 말씀처럼 올바른 공양을 올리면 기필코 좋은 곳에 태어나게 될 것입니다.

방랑하는 구도자 사비야에게
길을 가리키다

부처는 완전한 행복에 이른 사람

사비야 :
무엇을 얻은 사람을 수행자(비구)라고 합니까?
어떻게 하면 온유한 사람이 될 수 있습니까?
어떻게 하면 자기를 절제한 사람이라 할 수 있습니까?
어떤 사람을 눈이 열린 사람(佛)이라 합니까?

스승 :
스스로 도道를 닦아 완전한 평안에 이르고,
의혹에서 벗어나 생존과 쇠멸衰滅을 떠나고,
순수한 행위로 안정되어 이 세계에 거듭 남을 다 없앤 사람,
그런 사람을 수행자(비구)라고 한다.

모든 사물에 관해서 고요하고 마음이 안정되어
이 세상 그 어떤 생명에게도 해를 입히지 않고,
거센 물결을 이미 건너고, 흐리지 않고
욕망이 일어나지 않는 도인道人,
그를 온유한 사람이라 한다.

모든 우주의 시기와 윤회輪廻를 깊이 통찰하고
살아 있는 사람의 삶과 죽음, 이 두 가지 사이를 분별해서
때 묻은 것을 떠나고 더러운 곳이 없고, 깨끗하여
괴로운 삶을 완전히 멸해 버린 사람,
그를 일러 '눈이 열린 사람'이라 한다.

사비야라는 구도자가 올바른 스승을 만나지 못하다가 질문을 해서 가장 잘 대답해 주는 이를 스승으로 모시라는 어느 신의 말을 듣고 여러 수행자들을 만나 질문을 했습니다. 그리고 마침내 그 당시 명성이 높은 수행자들보다 훨씬 젊은 나이임에도 불구하고 깨달음을 이루었다는 부처님을 찾아갔습니다.

부처님이 무엇이든 물어보면 모두 답을 해 주겠다 하여 사비야가 놀라는 장면부터 시작됩니다. 부처님은 어떤 내용을 물어도 주저하지 않고 즉각 대답해 주셨습니다. 마음의 장벽이 없기 때문에 사람을 가리지도 않았습니다. 시시콜콜한 문제부터 진리에 이르기까지 질문을 회피하거나 싫어하지 않고 일일이 답변해 주셨습

니다. 그것은 공자님도 마찬가지입니다.『논어』「술이」편에 다음과 같은 구절이 나옵니다.

공자께서 말씀하시기를 "배운 바를 묵묵히 새기고 배움에 싫증내지 않고, 남을 가르치는 일을 게을리하지 않는 것, 이외에 내가 무슨 할 일이 있겠는가(子曰 默而識之 學而不厭 誨人不倦 何有於我哉)?"라고 했습니다.

이런 삶의 자세야말로 아름답고 진리에 가까이 다가가는 길입니다. 남을 가르치는 데 게으르지 않은 사람은 좋은 스승입니다. 부처님의 열 가지 명호 중에, '천인사天人師', 신神과 인간의 스승이라는 이름이 있습니다. 부처님, 부처님의 말씀, 옛 성현의 말씀이 다 우리를 진리로 이끌어주는 스승입니다. 항상 가까이에서 가르침을 주는 스승이 그립습니다. 스승님들의 가르침을 받들어 향상하는 삶을 살아가시길 합장 발원합니다.

구도자, 모든 속박에서 벗어난 사람

스승 :
사비야여, 모든 악惡을 물리치고 더럽혀지지 않았으며
마음의 평정을 유지하여 스스로 안정되고
이 윤회를 초월해서 완전한 자유를 누리는 사람,
그를 일러 '거룩한 바라문'이라 한다.

평안하고 선과 악을 버리고, 때 묻은 것에서 떠나
이 세상과 저 세상을 다 알아 삶과 죽음을 초월한 사람,
그를 일러 '도인道人'이라 한다.

온 세상에서 안으로나 밖으로나 모든 죄악을 씻어버리고
시간에 지배되는 신들과 인간들 가운데 있으면서
오히려 시간에 구애받지 않는 사람,
그를 일러 '씻어낸 사람'이라 한다.

세상에 있으면서 아무런 죄도 짓지 않고,
모든 인연의 속박을 벗어버리고
어떤 일에도 매이지 않고 자유로운 사람,
그를 일러 '용龍'이라 한다.

"유구개고 무욕즉강有求皆苦 無慾則剛", '구하는 것이 있으면 결국 모두 괴로움이 되고 욕심이 없으면 강한 것이다'라는 말이 있습니다.

고대 그리스어로 '에우다이모니아(eudaimonia)'는 행복, 기쁨, 인간적인 번영 등 모든 면에서 잘 사는 것을 말합니다. 그런데 '에우다이모니아'에 이르는 지름길은 '아타락시아(ataraxia)'인데, 근심으로부터의 자유, 평정, 모든 일이 순조롭게 잘 풀려나갈 때에도 들뜨지 않고 일이 꼬일 때에도 실의에 빠지지 않으면서 평정을 유

지하는 것이라고 합니다.

모든 일이 자기 뜻대로 이루어지기를 바라지 말고, 모든 일을 현실 그대로 받아들이는 훈련이 되면 인생이 평온해집니다. 구하는 마음을 쉬고, 모든 속박을 던져버려 그 어떤 것에도 달라붙지 않아야 대자유인이 될 수 있다는 것을 명심하시기 바랍니다.

부처님을 거룩한 분, 배움이 깊은 분, 모든 행이 갖추어지신 분이라고 부르는 이유가 바로 여기에 있습니다. 그런 분이기 때문에 부처님께 법문을 듣는 것만으로도 바로 그 자리에서 마음이 맑아지고 온갖 번뇌가 스러지는 것입니다. 물을 정화하려면 맑은 물을 훨씬 더 많이 더해 주어야 하듯이, 진리의 말씀을 자주 듣고 실천하면 부처님처럼 대자유인이 될 수 있습니다.

진리를 밝힌 당신의 제자가 되겠나이다

아름다운 저 흰 연꽃이 더러운 물에 물들지 않는 것처럼
당신은 선과 악, 그 어디에도 더럽혀지지 않습니다.
용맹한 분이시여, 두 발을 펴십시오.
사비야가 당신께 지극한 마음으로 경배합니다.

참으로 훌륭한 일입니다. 거룩한 스승이시여!
마치 쓰러진 자를 일으켜 주듯, 덮인 것을 열어주듯,

길을 잃은 자에게 길을 가리켜주듯,
'눈이 있는 자 빛을 볼 것이다' 하면서
캄캄한 밤길에 등불을 밝혀주듯
여러 가지 방법으로 진리를 밝혀 주셨습니다.

저는 고타마 당신의 제자가 되겠습니다.
진리와 수행승들의 모임에 귀의하겠습니다.
거룩한 스승이시여,
저는 집을 떠나 완전한 계율을 받고 싶습니다.

사비야는 부처님의 말씀을 듣고 진심으로 환희하며 제자가 되기를 서원하고 부처님의 발에 절을 합니다. 부처님은 넘어진 사람을 일으켜 주고, 덮인 것을 벗겨주고, 길을 가리켜 주고, 어둠 속에서 불을 밝혀 주고, 진리로 이끌어 주시는 분입니다. 부처님을 생각하는 것만으로도 행복한 마음이 들지 않으십니까? 행복하게 부처님을 닮으려고 노력하는 순간 당신은 이미 부처를 찾았습니다. 행복한 인생입니다. 이런 말이 있습니다.

스스로를 매우 좋아하는 사람은 이미 행복의 반을 얻은 것과 같다. 나머지 반은 주위에 있는 모든 것을 사랑하면 된다.

스스로의 삶을 사랑하는 것은 그리 어려운 일이 아닙니다. 우선 자신에게 일어났거나 일어날 모든 일을 애정을 가지고 볼 수 있어야 합니다. 알래스카 이누피아트 족의 이야기에서도 많은 것을 느낄 수 있습니다.

"나는 밤이 지나가기를 기다리는 법을 배웠다. 배고픔을 견뎌내는 법과 늙은 사람이 죽는 것을 지켜보는 법을 배웠다. 우리 인디언들은 삶을 받아들일 줄 안다. 인간 존재로서 삶의 모든 좋은 시기와 나쁜 시기를 받아들인다. 죽음까지도. 죽음은 삶의 한 부분이다. 내 딸은 죽음을 맞이하면서도 매우 용감했다. 나는 그 아이가 먼 곳을 바라보는 것을 보았다. 내가 물었다.
"넌 무얼 보고 있니? 무엇을 보고 있는 거야?"
딸아이가 말했다.
"아름다운 것들이 보여요, 엄마."
그때 나는 사람이 죽어도, 그것으로 끝이 아니라는 것을 알았다. 아마도 90퍼센트의 에스키모 인들이 환생을 믿을 것이다. 당신이 죽어도 당신의 영혼은 계속해서 존재한다. 그것은 하나의 나무처럼 여전히 하나의 대상으로 존재한다. 그대의 영혼은 기다리는 장소로 가서, 몸을 얻어 다시 태어날 때까지 기다린다. 나는 죽음을 두려워한 기억이 없다. 죽음을 탄생과 마찬가지로 받아들일 수 있어야 한다. 사람이 죽는 것은 한 개의 문이 닫히고 다른 문이 열리는 것과 같다."

삶과 죽음이 하나라는 것을 인식할 때 죽음에 대한 두려움이 더 이상 우리를 괴롭히지 못합니다. 하루하루가 삶과 죽음의 반복입니다. 일상생활 속에서 자기 자신의 발밑을 살피고, 배움이 익어지면 우리의 삶은 축복이 되고 진리 자체가 될 것입니다.

바라문 셀라,
눈뜬 사람에게 귀의하다

태양처럼 빛나는 사람

셀라:
스승이시여, 기력이 충만한 이여,
신체가 완전하고, 몸에서는 황금 빛 광채가 나며
그 눈도 아름답고 치아도 백옥 같습니다.
출생이 좋은 사람이 구비하는 용모, 형상,
훌륭한 위인의 상相이 다 당신 안에 깃들어 있습니다.

당신의 눈은 맑고, 얼굴도 아름답고,
당신의 몸은 매우 단정하고 빼어나며
빛이 찬란하여 수행자들 속에서도 태양처럼 빛납니다.

"케니야여, 당신은 그를 눈뜬 사람이라고 부릅니까?"
"셀라여, 나는 그를 눈뜬 사람이라 부릅니다."
"케니야여, 당신은 그를 눈뜬 사람이라고 부릅니까?"
"셀라여, 나는 그를 눈뜬 사람이라 부릅니다."

공부하는 가장 좋은 습관은 모르는 것을 묻는 자세입니다. 질문을 부끄러워하지 않아야 향상이 있습니다. 셀라가 케니야에게 묻지 않았다면 케니야가 답하지 않았을 테고, 셀라는 부처님이 어떤 분인지도 모르고 진리의 길에 들어서지도 못했을 것입니다.

바라문 셀라와 케니야가 서로 대화를 하던 중 셀라가 케니야에게 부처님이 정말로 눈을 뜬 분인지 두 번이나 반복하여 질문을 던지는 내용이 나옵니다. 케니야가 그렇다고 대답하고, 케니야는 셀라에게 부처님은 참 사람, 깨달은 사람, 지혜와 덕행을 갖춘 사람, 행복한 사람, 세상을 알아 버린 사람, 위없이 완벽한 사람, 사람을 길들이는 이, 신과 인간의 스승, 눈뜬 사람, 거룩한 스승이라고 얘기해 주면서 부처님과 제자들을 식사에 초대했다고 합니다. 케니야의 말을 듣고 셀라가 숲속에서 수행하고 계신 부처님을 찾아뵙습니다. 정말로 부처님이 깨달음을 얻은 스승인지 알아보기 위해 찬시를 읊은 것 중 일부입니다. 태양처럼 빛나는 부처님의 모습이 그려지는 듯합니다.

전륜성왕을 버리고 왜 수행자의 길을 택했는가

셀라 :
당신은 보기에도 아름다운 수행자로
그 피부는 황금과 같고, 용모 또한 비할 수 없이 뛰어났는데,
어찌하여 집 없는 수행자가 되셨습니까?

당신은 전륜성왕이 되어 군대의 주인으로 천하를 정복하여
전 세계의 지배자가 되어야 합니다.

스승 :
셀라여, 나는 왕이지만 위없는 진리의 왕이다.
나는 오직 진리의 바퀴를 돌려 다스릴 것이다.
결코 거꾸로 돌릴 수 없는 진리의 바퀴를.

부처님이 어떤 분인지 잘 알 수 있는 대목입니다. 부처님은 용모도 빼어나고 정신적으로도 으뜸이요, 육체적으로도 강건한 분이셨습니다. 모든 중생들이 부처님을 뵈면 바로 그 순간 영원한 귀의처가 되었습니다. 이런 이야기가 생각납니다.

어떤 사람이 우연히 살찐 여우를 발견했습니다. 그는 의문이 생겼습니다. '여우가 어떻게 살이 쪘을까?' 그는 여우의 습성을 살

펴보았습니다. 그리고 곧 그 비밀을 알 수 있었습니다. 여우는 스스로 힘들게 사냥을 하지 않았습니다. 사자가 먹다 남긴 먹이로 배를 채우고 있었습니다. 그는 속으로 생각했습니다.

'옳거니, 여우처럼 살면 되겠구나.'

마을로 돌아온 그는 큰 장사꾼이 장사하는 가게 옆에 조그만 가게를 냈습니다. 그는 큰 장사꾼을 위한 여러 가지 물건들을 조달했고, 힘들이지 않고 작은 만족을 얻을 수 있었습니다. 그런데 어느 날 큰 장사꾼은 더 큰 사업을 하기 위해 다른 곳으로 이사를 가버렸습니다. 그러자 기댈 곳을 잃은 그는 어찌할 바를 몰랐습니다. 빈털터리가 된 그가 거리를 떠돌 때였습니다. 어떤 건물 앞에서 한 무리의 장사치들이 현자의 강의를 듣고 있었습니다. 현자가 말했습니다.

"사자가 남긴 걸 먹겠느냐, 네가 남긴 걸 여우가 먹게 하겠느냐?"

이런 경우가 적지 않습니다. 자기 힘으로 살아가야 당당한 삶을 영위할 수 있습니다. 남의 힘에 기대어 살아가는 것은 바람직한 삶이 아닙니다. 우리가 부처님께 귀의하는 것은 부처님을 기대서 살려는 것이 아닙니다. 부처님이 말씀하신 진리에 의지하여 우리도 부처님처럼 진리의 황제가 되어 그 어떤 어려움이 닥쳐도 흔들리지 않고 당당하게 살고자 함입니다.

용기와 지혜가 있어야 개종할 수 있다

셀라:
스승이시여, 눈뜨신 분이시여,
지금부터 8일 전, 우리는 당신께 귀의하였습니다.
그리고 7일 만에 우리는 당신의 가르침으로 안정되었습니다.

당신은 깨달은 분, 당신은 스승, 당신은 악마의 정복자,
당신은 슬기로운 분, 잠재된 번뇌도 끊어버린 분
스스로 생사의 바다를 건너고, 다른 사람들도 건네주시는 분.

당신은 모든 장애를 초월해서 번뇌의 더러움을 멸했습니다.
당신은 그 어떤 것에도 집착하지 않는 밀림의 사자와 같습니다.
그 모든 두려움과 공포로 떠는 일이 없습니다.

셀라는 바라문교의 스승이라서 제자들이 제법 있었습니다. 그런데 부처님을 만나 귀의하고 불법을 받아들여 계를 받았습니다. 당시 인도에서는 스승이 다른 종교에 귀의하면 제자들도 함께 개종을 하였습니다. 불교가 처음에 인도에서 빠른 시일 내에 자리 잡은 것도 다 이렇게 자신의 제자들을 이끌고 부처님의 교단에 들어왔기 때문입니다. 양 날개처럼 부처님을 보좌하였던 사리불과 목건련도 제자들을 이끌고 부처님께 귀의하여 불교 발전

에 중추적 역할을 했습니다.

"태산명동서일필泰山鳴動鼠一匹", '태산이 산기를 느꼈고, 익살스런 쥐 한 마리가 태어났다'는 말이 있습니다. 태산이 산기를 느끼고 게다가 쥐가 태어난다는 말이 흥미롭습니다. 이 말은 겉모습이 보잘것없는 경우를 비유하는 것으로 동서양에 두루 폭넓게 알려져 있습니다. 2세기 초의 전기작가 플루타르코스의 『영웅전』에도 이 표현이 등장하는 것을 보고 유쾌하게 읽은 적이 있습니다.

"이집트 왕 타하의 요청을 받고 급히 구원하러 나선 스파르타의 왕 아기스를 한 번 보려고 사람들이 떼 지어 몰려들어 산을 이뤘다. 아기스의 빛나는 무훈이 널리 알려져 누구나 명장의 모습을 보고 싶어 했다. 하지만 나타난 것은 풀 위에 누워 있던 거지처럼 누추한 노인, 볼품없는 망토를 걸친 그 남자는 정말로 아기스의 왕이었지만, 사람들은 어느 사이엔가 산들이 산기를 느꼈는데, 태어난 건 익살스런 쥐 한 마리라는 속담을 떠올렸다."

이 속담이 당시 이집트인들에게도 널리 알려져 있었던가 봅니다. 동서양을 막론하고 인간세의 삶은 이렇게 자신의 생각과는 다릅니다. 번번이 기대를 빗나가지만 그래도 희망을 가지고 살아가야 험난한 인생길을 넘어갈 수 있는 건지도 모르겠습니다. 그런데 잘못된 길을 가고 있다 생각하면 지금까지 걸어온 길에 미련을 두지 말고 다른 길로 가야 합니다. 진리의 길을 걸어가는 데는 더

더욱 그렇습니다. 사리불과 목건련, 위의 셀라처럼 눈뜨신 스승을 만나면 지금까지 믿어왔던 것을 고집하지 않고 바꿀 줄 알아야 합니다. 그 또한 대단한 용기요, 지혜로운 삶입니다.

독화살을 빨리 뽑아 버려라

생로병사의 고통은 평등하게 찾아온다

세상 사람들의 목숨은 정해진 것이 없어서
얼마나 살 수 있을지 알 수가 없다.
이 세상은 비참하고 짧고 고뇌로 엉켜 있는 것이다.

태어난 존재는 죽음을 면할 길이 없다.
늙으면 죽음이 온다.
실로 생명 있는 자의 숙명은 이와 같다.

익은 과실은 빨리 떨어질 위험이 있다.
그와 같이 태어난 것들은 죽지 않으면 안 되나니
그들에게는 언제나 죽음의 두려움이 있는 것이다.

옹기쟁이가 잘 만든 항아리라도
마침내는 깨어져 버리고 마는 것처럼
사람의 목숨 또한 그러하다.

불교에서는 이 세상을 고통의 바다라고 합니다. 생로병사, 나고 늙고 병들어서 죽는 것은 인간의 네 가지 근본적인 고통으로 살아 있는 존재라면 누구나 겪을 수밖에 없는 그야말로 뿌리 깊은 고통입니다. 병들고 죽는 것은 순서를 매길 수도 없고, 언제 어느 때 죽을지도 모릅니다. 생로병사는 그림자처럼 따라다니는 괴로움입니다.

중국 천하를 통일한 진시황도 결국 불로초를 찾지 못하고 죽었습니다. 부처님은 이 생로병사의 근본적인 괴로움에서 벗어나기 위해 부귀영화를 뿌리치고 출가 수행하신 것입니다. 부처님은 우주의 법칙인 12연기법을 깨닫고 괴로움의 원인을 알고 괴로움에서 벗어나셨습니다. 부처님이 다섯 비구에게 사제법四諦法과 팔정도를 가장 먼저 말씀해 주셨다는 것은 생로병사의 괴로움에서 벗어나는 것이 인생에 가장 중요한 문제이기 때문입니다. 사제법은 사성제四聖諦 또는 사진제四眞諦라고도 하는데, 네 가지 틀림없는 진리라는 뜻입니다. 이 사성제 중 첫 번째가 바로 "일체가 고다"라고 하는 고성제苦聖諦입니다. 왜 괴로움을 성스러운 진리라고 표현했을까요? 문제를 인식할 때 답을 밝히려 애쓰고 그래야만 답을 알 수 있습니다. 괴로움에 대해 인식하지 못하면 진리의 길에 들어설 수 없기 때문에, 생로병사에 대한 법문을 이토록 간곡하게 하신 것입니다.

진리의 문은 활짝 열려 있다

집에 불이 난 것을 물로 꺼버리는 것처럼
지혜 있고 총명하고 슬기로운 이 착한 사람은
걱정이 생긴 것을 곧 없애버린다.
마치 바람이 솜을 날려버리는 것처럼.

자신의 영원한 즐거움(樂)을 구하는 사람은
자기의 슬픔과 욕심과 걱정을 버려라.
자기의 번뇌의 화살을 뽑아 버려라.

번뇌의 화살을 뽑아 버리고
거리낌 없이 마음의 평안을 얻는다면
모든 근심 걱정을 초월해서 번뇌 없는 자,
궁극의 행복, 영원한 평안에 이르게 될 것이다.

 부처님은 인생을 '독화살'에 비유하여 삶이 무상하고 빠르게 흘러간다는 것을 말씀하셨습니다. 중생은 하루에도 수없이 많은 독화살을 맞습니다. 생로병사라는 근본고는 제외하고라도 시시때때로 일어나는 탐내고 성내고 어리석은 삼독심의 독화살을 맞고 괴로워합니다. 그리고 일상의 사소한 감정이 불러들이는 함정에 쉽게 빠져듭니다. 순간순간 마음이 깨어 있지 않으면 우리는 늘 감정의 장난에 휘말려 괴로움의 바다에서 허우적거릴 것입니다. 불교 공부를 열심히 해야 하는 까닭이 바로 여기에 있습니다. 적어도 불교 공부를 열심히 하고, 부처님의 말씀을 읽고 실천하는 사람들은 독화살을 맞아도 금세 뽑아 버릴 수 있습니다. 이런 이야기가 생각나는군요.

천 개의 문을 가진 궁전이 있었습니다. 그런데 단 한 개의 문만이 진짜이고 나머지는 모두 가짜였습니다. 진짜나 가짜나 모두 똑같이 보여서 분간하기 어려웠습니다. 가짜는 벽에 페인트로 색을 칠하였기 때문에 열 수 없는 문이었습니다. 그때 눈먼 사람이 그 궁전에서 길을 잃었습니다. 그는 색칠해진 가짜 문들을 더듬고 다녔지만 열 수가 없었습니다. 마침내 그가 진짜 문에 이르렀을 때 파리 한 마리가 날아와 그의 얼굴에 앉았습니다. 그는 파리를 쫓으려고 팔을 내젓다가 그만 그 문을 지나치고 말았습니다.

천 개 중에 오직 하나인 진짜 문에 이르렀는데 파리 한 마리 때문에 지나치고 말았습니다. 세상에 진짜 이런 일이 있다면 정말 억울하겠지요. 하지만 파리에 마음을 빼앗긴 것이 문제입니다. 마음공부가 되어 있지 않으면 이 눈먼 사람처럼 정말 중요한 순간에 일을 그르칩니다. 인생의 중요한 순간순간을 흘려보내지 않고 독화살을 뽑는 법, 마음 공부하는 법이 있습니다. 부처님의 생애를 읽으면 됩니다. 초기 경전인 『숫타니파타』만 보아도 알 수 있습니다. 진리의 문, 진실한 문은 이미 활짝 열려져 있습니다. 진실의 문에 들어가야 진실을 만날 수 있습니다.

세끼소라는 불교의 영향을 많이 받은 일본의 시인이 노래한 시가 생각납니다.

> 진실한 사람 단 하나만 나타나도
> 세상의 모든 거짓이 사라진다.
> 그러니 조사祖師의 길이
> 쇠퇴한다고 낙심하지 마라.
> 이제, 그대 지혜의 도끼는 날개를 달았으니
> 그대 날아오를 날이 분명히 오리라.

행위에 의해 삶이 달라진다

암베드카르, 불교에 귀의하다

모든 속박을 끊어 버리고 두려움 없이 집착을 초월한 사람,
가죽 끈과 가죽 줄과 그물을 다 끊어버려
장애가 없고, 눈이 열린 사람(佛)
죄 없이 욕을 먹고, 매를 맞고, 구속을 당해도
인내하며 마음이 굳센 사람,
그를 나는 바라문이라 부른다.

강한 것이든 약한 것이든
살아 있는 것에 대해서 폭력을 쓰지 않고
죽이지도 않고 죽이게 하지도 않는 사람,
그를 나는 바라문이라 부른다.

태어난 출신에 의해 바라문이 되는 것이 아니며
태어난 출신에 의해 바라문이 안 되는 것도 아니다.
행위로 인하여 바라문이 될 수도 있고
행위로 인하여 바라문이 안 될 수도 있다.

행위로 인하여 농부가 될 수도 있고
행위로 인하여 기술자가 될 수도 있다.
행위로 인하여 장사꾼이 될 수도 있고
행위로 인하여 고용인이 될 수도 있다.

부처님은 "모든 중생이 부처가 될 수 있다"는 대단히 혁신적인 가르침을 펼치셨습니다. 인간뿐만 아니라 살아 있는 모든 존재의 절대 평등성을 주창한 부처님의 가르침은 부처님 이전에도 없었고 2,500여 년이 지난 지금까지 전해지는 불교 고유의 가르침입니다.

특히 부처님 당시 인도에서는 사성제(브라만, 크샤트리야, 바이샤, 수드라 등으로 나눈 네 가지 계급제도)가 철저하게 뿌리내린 사회였습니다. 모든 사람이 출신 성분에 따라 순응하면서 살아가고 있는 상황에서 부처님은 확실하게 출신 성분에 따라 바라문이 되는 것이 아니라 행위에 의해서 바라문이 된다고 말씀하셨습니다. 지금도 인도에 가면 사성제의 잔재를 발견할 수 있는데 2,500여 년 전에는 어떠했을지 잘 알 수 있을 것입니다. 저는 시대적 환경을 극복하고 존재의 절대 평등을 강조하시고 실천하신 부처님의 대자비심, 깨달음을 생각하면 깊은 경외감이 듭니다.

　인도에는 이 네 가지 계급에도 속하지 못하는 불가촉천민이라 불리는 최하층민이 있습니다. 저는 인도의 초대 법무장관을 지냈으며, 인도 불가촉천민의 아버지라 불리는 암베드카르를 부처님처럼 존경합니다. 암베드카르가 간디에게 보낸 편지글에는 다음과 같은 내용이 있습니다.

> 선생님은 저에게 조국이 있다고 하십니다만, 다시한번 분명히 말씀드리건대 저에게는 조국이 없습니다. 개나 돼지보다도 못한 취급을 당하면서 마실 물도 얻어먹을 수 없는 이 땅을 어떻게 저의 조국이라고 부를 수 있겠습니까? 그리고 그런 나라의 종교가 어떻게 저의 종교가 될 수 있겠습니까?
> 눈곱만한 자부심이라도 갖고 있는 불가촉천민이라면 결코 이 땅을 자랑스러워하지 않을 것입니다. 이 땅이 우리에게 가하는 불의와 고통은 너무나 엄청납니다. 그래서 부지불식간에 이 나라에 대하여 불충한 생각을 품더라도 그 책임은 전적으로 이 나라에 있는 것이지 우리에게 있는 것이 아닙니다. 사람들이 저를 반역자로 취급하더라도 저는 전혀 개의치 않습니다. 우리의 행동에 대한 책임이 저를 반역자로 취급하는 바로 그 사람들에게 있기 때문입니다.
>
> (디완 찬드 아히르 저/ 이명권 옮김, 2005, 『암베드카르』, 에피스테메, 120-121쪽.)

암베드카르는 불가촉천민 출신으로 영국에 유학해서 박사학위를 받고 돌아와 인도 헌법의 기초를 만든 분입니다. 하지만 그는 여전히 출신 성분으로 인해 신분차별을 겪어야 했고, 심지어 우물물조차 먹을 수 없었습니다. 그는 인도 신분제도의 바탕인 힌두교를 버렸습니다.

불교야말로 절대평등의 종교, 진리의 종교라는 것을 깨닫고 1956년 대대적인 불교개종의식을 거행하여 인도불교의 횃불을 높이 들었습니다. 사람의 행위에 의해서 농부도 되고 엔지니어도 될 수 있습니다.

현자는 인과법칙을 그대로 본다

지혜로운 현자는 이와 같이 모든 행위를 분명히 본다.
그는 인과의 원인을 보는 자요,
모든 행위와 그 과보를 잘 알고 있다.

세상은 행위로 인하여 존재하며
사람 또한 행위로 인하여 존재하는 것이다.
살아 있는 것들은 모두 행위에 매여 있다.
마치 앞으로 굴러가는 수레가 멍에에 매여 있는 것처럼.

"콩 심은 데 콩 나고 팥 심은 데 팥이 난다"는 속담처럼 삶은 인과관계가 분명합니다. 어떻게 행동하느냐에 따라서 그 사람의 인격과 삶이 달라지는 것입니다. 행위에 따라 직업도 달라지고 고결함과 천함이 일어납니다. 수레는 멍에에 매여 양쪽을 잇는 수레바퀴의 축에 의해 달릴 수 있습니다. 우리의 일상을 가만히 들여다 보십시오. 지금 당장은 흐릿해 보이지 않더라도 시간이 지나면 모든 것의 원인과 결과가 드러나게 되어 있습니다. 인과법만 잘 알아도 훨씬 더 평화로운 세상, 살 만한 세상이 될 것입니다.

비난하다가
지옥에 떨어진 꼬깔리야

불법을 욕되게 하지 마라

사람이 이 세상에 태어날 때부터
그의 입 속에는 도끼가 들어있다.
어리석은 자는 욕설을 퍼부음으로써
도끼로 자신을 찍게 된다.

비난해야 할 사람을 칭찬하고
또 칭찬해야 할 사람을 비난하는 자는
그는 입으로 죄를 가득 쌓고
그 죄로 인하여 즐거움을 얻을 수 없다.

승보를 욕되게 한 죄로 무간지옥의 과보를 받게 된 꼬칼리야에 대한 이야기입니다. 꼬칼리야가 부처님께 "거룩한 스승이시여, 사리불과 목건련은 그릇된 생각을 가지고 나쁜 욕망에 사로잡혀 있습니다"라고 하면서 부처님의 두 제자에 대해 험담을 하였습니다. 부처님께서는 "꼬칼리야여, 그렇게 말하지 말라. 사리불과 목건련은 온화한 사람들이다"라고 하면서 사실이 그렇지 않음을 일깨워 주었습니다. 그러나 그는 세 번이나 반복하여 부처님께 사리불과 목건련이 나쁜 생각에 사로잡혀 있다고 말씀드렸고, 부처님이 응하시지 않자 자리를 박차고 나가면서 좋지 않은 생각을 품었습니다.

이 일이 있고 나서 그의 몸에 겨자씨만한 작은 종기가 돋기 시작하더니 점점 커져서 마침내 목숨을 잃고 말았습니다. 또한 그는 사리불과 목건련에게 원한을 품고 비난한 과보로 죽어서 지옥에 떨어졌습니다. 그때 부처님께서 악한 말로 죄악을 쌓아서는 안 된다고 말씀해 주셨습니다.

말 한마디 잘하고 잘못함에 따라 참으로 무서운 과보를 받게 됩니다. 마치 도끼로 자신을 찍는 사람처럼 피해는 고스란히 자신이 입게 되는 것입니다. 악업을 짓지 않고 진정한 기쁨을 누리려면 입 조심부터 해야 합니다.

말로써 남을 때리지 마라

다른 사람을 해칠 마음 없이 맑은 사람을
공연히 미워하는 어리석은 사람에게는
반드시 나쁜 과보가 돌아온다.
바람 부는 곳에서 먼지가 일어나는 것처럼.

여러 가지 욕심에 빠져 믿음도 없고,
인색하고 불친절하고, 이기적이며 비겁한 사람,
말로써 남을 비방하는 사람,
말을 천박하게 하며, 불성실하고 비천한 사람,
살아 있는 생명을 죽이고 사악한 행위를 하는 사람,
야비하고 불량한 자여, 나쁜 말을 많이 하는 사람,
이와 같은 사람들은 지옥에 떨어질 것이다.

행실이 방정하지 않고 거친 사람은 어디를 가든 문제를 일으키며 평화를 깨뜨립니다. 주위에 보면 공연히 남을 미워하고 험담을 잘하는 사람이 있습니다. 무학 대사와 조선 태조 이성계의 일화는 세간에 널리 퍼져 있어 잘 알 것입니다. 어느 날 친분이 두터웠던 두 분이 만났습니다. 태조 이성계가 무학 대사에게 짐짓 장난을 쳤습니다.

"대사님, 오늘 따라 대사님이 돼지처럼 보입니다."
그러자, 무학 대사가 반색을 하면서 응답합니다.
"저는 오늘 따라 대왕이 부처님처럼 보입니다."
자기 말에 걸려서 화를 낼 줄 알았는데, 무학 대사가 전혀 다른 반응을 보이니 태조 이성계가 눈이 휘둥그레져 그 이유를 물었겠지요. 그러자 빙그레 웃으면서 무학 대사가 말합니다.
"부처 눈에는 부처만 보이고 돼지 눈에는 돼지만 보이는 것 아니겠습니까?"

무학 대사의 말씀은 그저 웃으며 넘길 게 아닙니다. 진리를 깨달은 분의 말씀이기 때문입니다. 자기 안에 미운 구석이 있기 때문에 다른 사람을 밉게 보고 험담하는 것입니다. 그래서 선한 사람은 선하게만 봅니다. 선한 사람을 괴롭히거나 피해를 입히면 더욱 더 나쁜 과보를 받을 수밖에 없습니다. 꼬깔리야는 사리불과 목건련처럼 훌륭한 부처님의 제자를 험담했기 때문에 지옥에 떨어지게 된 것입니다.

한편 남에게 불친절하며 배려할 줄 모르고 나쁜 행위를 서슴없이 행하는 사람이 있다면 그는 사랑받지 못해 사랑할 줄을 모르는 사람입니다. 통에 넘치는 물이 바닥에 흘러내리듯이 사랑이 넘치면 자연히 남에게 흘러가는 법입니다. 혹시라도 천박하고 불성실하고 비천한 행동을 하는 사람을 보면 그 사람을 불쌍히 여기고 그 사람에게 더욱 듬뿍 사랑을 주어서 인격의 변화를 이끌어보면 어떨까 싶습니다. 자비의 종교인 불교에 귀의한 사람들이라면 꼭 이렇게 해야 합니다.

'남(the other)'과 '차이(difference)'에 대한 바른 인식은 현대 인문학에서 가장 중요시하는 중심 주제입니다. 나와 다른 남, 그리고 내 생각과 다른 사람과의 생각의 차이를 알 때 다른 사람을 이해할 수 있고, 세상을 이해할 수 있습니다. 마음을 내려놓으면 일체가 꽃밭이고 자비심으로 바라보면 이해하지 못할 일이 없습니다.

홀로 가는 수행자
날라까의 질문에 답하다

날라까 :
아시타의 예언을 잘 알고 있습니다.
그러하오니 고타마여,
이 모든 법에 통달한 당신에게 묻습니다.

저는 집 없이 떠돌며 수행하고자 합니다.
성인이시여, 당신의 성스러운 행실과 당신이 이른 가장 높은 길을 저에게 가르쳐 주십시오.

스승 :
젊은이여, 그대에게 성스러운 행실에 대해 가르쳐 주겠다.
이는 가기 힘들고 이루기 어려운 길이다.
이제 그대에게 설명해 줄 테니

태연하게, 마음을 굳건히 하고 들으시오.

마을사람들에게 비난을 받거나 칭송을 들어도
절대 흔들리지 말고 평등한 태도를 가지라.
욕설을 들어도 노여운 마음이 일지 않도록 주의하고
칭송을 듣더라도 결코 뽐내는 태도를 보여서는 안 된다.

불교신자라면 반드시 이 내용을 알아야 합니다. 불교개론서나 불교입문서에 반드시 나오는 부처님의 탄생에 대한 이야기이기 때문입니다.

『숫타니파타』에서는 예언자 아시타의 서시로 시작합니다. 춤추며 기뻐하는 신들에게 아시타가 그 까닭을 묻자, 신들이 카필라 국의 룸비니 동산에서 보살이 태어났다고 알려줍니다. "카필라 국의 태자로 태어난 고타마 싯다르타는 살아 있는 존재 가운데 가장 뛰어난 분이시다. 머지않아 부처가 되어 구도자들이 모여 수행하는 녹야원에서 진리의 바퀴를 굴리게 될 것임을 알고 기뻐하는 것이다"라고 합니다.

이러한 신들의 말을 듣고 예언자 아시타는 카필라 성으로 찾아가 방금 태어난 태자를 보게 해 달라고 합니다. 관상과 운명학에 통달했던 아시타는 태자의 얼굴을 보고 눈물을 흘립니다.

아시타는 "이 세상에서 가장 위대한 인간이 태어났다"고 하면서 태자가 훗날 전륜성왕이 되거나 출가하여 수행하면 깨달음을 이루어 거룩한 인류의 스승이 될 것이라고 예언합니다. 그리고 자신은 수명이 다하여 성인을 직접 뵙지 못함을 한탄하면서 눈물을 글썽입니다. 예언자 아시타는 자신의 조카인 날라까를 불러서 훗날 부처님의 가르침을 따르라고 당부했습니다. 날라까는 아시타의 유언을 가슴에 새기고 자신의 마음을 잘 닦으면서 부처님을 기다려 온 것입니다. 그러던 어느 날 "깨달음을 얻은 분이 지금 진리의 바퀴를 굴리고 있다"는 말을 듣고 부처님을 찾아가서 가장 위대한 성자의 길을 묻는 것으로 서시가 끝납니다.

날라까는 부처님을 뵙고 아시타의 예언이 이루어졌다고 하면서 부처님께 지혜의 경지에 대해 여쭙습니다. 부처님께서는 "욕설을 들어도 노여운 마음이 일지 않도록 주의하고 칭송을 듣더라도 결코 뽐내는 태도를 보여서는 안 된다"고 말씀하십니다. 욕을 먹으면 화가 나기 마련이고 존경을 받으면 우쭐해지는 게 인지상정입니다. 그런데 지혜로운 사람은 비난과 존경에 마음이 흔들리지 않는다는 말입니다. 가장 예민한 것에 흔들리지 않는데 어찌 다른 것에 흔들리겠습니까? 지혜의 경지는 이렇듯 신비하지도 않고 특별한 것도 아닙니다. 평상시 마음을 어떻게 쓰느냐에 달려 있습니다.

그와 내가 같다고 생각하라

만일 동산 숲(園林) 속에 있더라도

불꽃처럼 갖가지 미혹한 것이 나타난다.
여자들은 수행자의 마음을 유혹한다.
여자들로 하여금 그를 홀리게 하지 말라.

갖가지 욕망을 버리고 성性에 관한 유혹에서 떠나야 한다.
약한 것이거나 강한 것이거나 분별없이
살아 있는 모든 생명에 대해 적대하지 말고 애착하지 말라.

'그들과 내가 같다'고 생각하고,
그들을 나와 같다고 생각해서
살아 있는 생명을 죽여서는 안 된다.
또한 남을 시켜서 죽여서도 안 된다.

범부는 욕망과 욕심에 집착하지만
눈뜬 이는 도道의 길을 걷는다.
그리하여 지옥 같은 세상을 뛰어넘는다.

부처님은 남자들의 본능에 대해 잘 알고 계셨습니다. 수행을 방해하는 갖가지 유혹 중에서도 특히 수행자의 마음을 흔드는 여자들의 유혹을 경계하셨습니다. 사람에 따라 다르겠지만, 2,500여 년이 지난 오늘날까지도 수행자들에게 가장 힘든 것이 여자 문제인 것 같습니다. 멀쩡히 수행 잘하던 사람이 어느 날 속퇴했다는 소식을 듣는 경우가 있는데, 백이면 백 여자 문제인 경우가 많습니다. 부처님은 여자문제뿐만 아니라 감각적인 기쁨을 멀리하라고 했습니다. 말초적인 본능을 자극하는 기쁨에 빠지다 보면 진리의 길에서 멀어지기 때문입니다. 뿐만 아니라 감각적인 기쁨은 여러 가지 괴로움을 동반하고 사회문제를 일으키는 원인이 되기도 합니다. 대중매체를 통해서 혹은 주위 사람들의 경험을 통해 게임 중독, 알콜 중독 등 감각적인 기쁨에 빠진 사람들이 패륜을 저지르는 경우를 자주 볼 수 있습니다.

　수행을 방해하는 갖가지 유혹과 본능적인 감각에 빠지지 말라는 말씀에 이어 다른 사람과 자신을 동일하게 생각해서 해치지 말라고 하셨습니다. 온 누리를 적시는 대자대비하신 부처님의 마음이 가득 담긴 말씀입니다. 불교는 기본적으로 모든 생명이 한 뿌리요, 같은 몸이라는 인식을 갖고 있습니다. 불교를 보통 자비의 종교라고 하는데, 이는 아주 적절한 표현입니다. 대 자비심으로 다른 생명을 해치지 않고 욕망에서 벗어나 진리의 길을 향해 걸어가는 사람들, 현세의 지옥을 건너가기 위해 부지런히 정진하는 사람들이 바로 우리 불제자들입니다.

음식을 아껴서 욕심을 없애라

　주린 배를 만들라. 음식을 아껴서 욕심을 없애라.

탐내지 말라. 탐내는 욕심에 싫증을 내고 욕망이 없으면
평안한 삶을 성취할 것이다.

수행자는 탁발을 두루 다니다가 숲으로 돌아가
숲 속의 나무 밑에 머물러 앉아야 한다.
수행자는 고요히 정定에 전념하라.
숲속에서 진정한 행복을 즐기라.
나무 밑에서 명상하여 스스로 크게 만족하라.

홀로 좌선하는 것과 남에게 봉사하는 일을 배우라.
수행자의 도道는 혼자 있는 데 있다고 가르치라.
혼자일 때 비로소 진정한 즐거움을 누릴 수 있다.

그와 같이 하면 그는 온 세상을 찬란히 비출 것이다.
욕망을 버리고 명상하고 있는 현자의 명성을 듣는다면
더욱 부끄러운 마음과 신심을 일으키게 될 것이다.

우리 몸은 소우주요, 법당입니다. 절대로 법을 담는 그릇인 우리 몸을 함부로 해서는 안 됩니다. 부처님은 소식小食을 강조하셨습니다. 위장을 비워두라고 하셨는데, 왜 그러셨는지 설명하지 않아도 잘 알 수 있습니다. 위장이 꽉 채워지면 더부룩하고, 소화시키느라 졸음이 쏟아집니다. 음식을 지나치게 많이 먹는

것은 자기 몸을 위하는 게 아니라, 오히려 혹사시키고 있음을 깨달아야 합니다.

부처님 당시에는 수행자들이 탁발한 음식으로 하루에 한 끼니만 먹으면서 생활했습니다. 탁발은 위의를 단정히 하고, 오전에 마을로 들어가 집집마다 차례로 돌아가면서 마을사람들이 먹는 음식 그대로 얻어 오는 것입니다. 특히 음식에 불평하는 마음을 갖거나 좋고 나쁨을 구별하는 자세를 경계하였습니다. 탁발할 때 좋은 음식을 요구하지도 않고, 가난한 사람이거나 부자이거나 평등하게 대하고 흡사 벙어리처럼 시주 받음으로써 불제자들에게 형편껏 자신의 것을 나누어 복을 지을 수 있는 기회를 준 것입니다. 지금도 남방불교에서는 이러한 탁발 전통이 고스란히 남아 있는데, 이러한 좋은 전통이 우리나라에서는 사라지게 되었으니 탁발의 의의만이라도 알아두시기 바랍니다.

한편 탐내는 욕심에 싫증을 내고 욕망이 없으면 평안한 삶을 성취할 것이라는 말씀을 보면서 많이 반성을 하게 됩니다. 우리 현대인의 삶을 가만히 지켜보면, 욕망을 충족시키기 위해 아침부터 밤까지 쉴 새 없이 움직이고 있습니다. 봄에 꽃이 피는 것도 모르고 계절이 바뀌는 것도 모릅니다. 심지어 자기 자식이 크는 줄도 모르고 세월을 훌쩍 넘긴 뒤에야 후회하는 분들이 많습니다. 소욕지족이 행복한 삶의 조건임을 알지 못한 결과입니다. 불교를 일찍 배우면 철이 빨리 들 수 있습니다. 진정한 행복도 그만큼 일찍이 온다는 것을 알려 드리고 싶습니다.

깊은 강물은 조용히 흐른다

이 일을 어찌 깊은 강과 얕은 개울물에 비하랴.
바닥이 얕은 작은 개울물은 소리를 내고 흐르지만
깊은 강물은 소리 내지 않고 고요히 흐른다.

모자라는 것은 소리를 내지만 가득 찬 것은 아주 조용하다.
어리석은 자는 물이 반만 담긴 물병과 같고
지혜로운 자는 물이 가득 찬 연못과 같다.

수행자가 뜻 깊은 말을 많이 해 주는 것은
스스로 알고 있는 법을 일러 주기 위해서다.
스스로 알고 많은 것을 가르쳐 주기 위해서다.

자기를 잘 알고 자신을 잘 절제하고
스스로 많이 알아도 말하지 않는다면,
그는 성자로서 참으로 성자의 행동을 하는 것이다.
그는 성자로서 참으로 성자의 행동을 체득한 것이다.

"빈 수레가 요란하다"는 말이 생각나는 장입니다. "바닥이 얕은 작은 개울물은 소리를 내고 흐르지만 깊은 강물은 소리 내지 않고 고요히 흐른다"는 구절이 참으로 아름답고도 적절한 비유입니다. 모자라면 소리가 나고 가득 차면 소리가 나지 않듯 마음이 공평하여 사심이 없으면 고요해집니다. 어리석은 자와 지혜로운 이를 물이 조금 있는 물병과 가득 찬 연못에 비유하고 있습니다. 기품 있고 여유롭게 진리의 말을 하며 살아가는 수행자의 모습이 그려집니다. 진정한 수행자인가, 자신을 잘 절제하고 있는가, 지혜의 절정을 체험했는지 스스로를 돌아보면서 더욱더 정진의 마음을 일으키게 됩니다.

문득 "지팡이에는 양 끝이 있다"고 한 구르지예프의 말이 떠오릅니다. 황금빛 지팡이의 한쪽 끝을 잡은 우리는 지팡이의 머리만 생각하고, 하루에도 수 천, 수 만 번 머리를 찧는 지팡이의 끝을 망각하기 쉽습니다. 인간이 집착하는 세상 속에서의 득실도 마찬가지입니다. 그것이 위냐 아래냐에 불과할 뿐, 현자의 눈으로 보면 단지 한 방향의 막다른 길에 지나지 않습니다.

삶을 초월하는 훈련을 해 보십시오. 보통의 행복을 넘어선 그 무엇이 있다는 것을 알게 되고, 인간의 생각을 넘어, 인간의 몸에도 속하지 않고 마음에도 속하지 않는 중심세계를 발견할 수 있을 것입니다. 그 중심에 이르러야 빈 가슴을 만날 수 있고, 그곳에 지복至福이 있습니다.

두 가지 관찰

영혼의 방황에서 벗어나는 길

괴로움(苦)을 모르고
괴로움이 생기는 원인(集)도 모르고
무엇인지 모르는 사람들.

그들은 마음의 해탈과 지식의 해탈을 이루지 못해
윤회에서 벗어나지 못하여
태어남과 늙음의 괴로움을 계속 겪어야 한다.

괴로움을 알고
괴로움이 생기는 원인을 알고
괴로움을 완전히 소멸시킴(滅)을 알고

괴로움의 소멸에 이르는 길(道)을 알고 있는 사람들.

그들은 마음의 해탈과 지식의 해탈을 이루어
윤회에서 벗어나
태어남과 늙음의 괴로움을 받지 않는다.

보름날 제자들이 깊은 침묵 속에 잠겨 있는 것을 보고 부처님이 말씀해 주신 내용입니다. 부처님은 위 내용을 설하시기 전에 다음과 같은 말씀을 하셨습니다.

"수행자들이여, 여기 완벽한 깨달음으로 인도하는 진리가 있다. '그대들이 출가하여 깨달음에 이르는 여러 가지 진리를 듣는 것은 무슨 까닭인가?' 하고 누군가 묻거든, 그들에게 '두 가지 진리를 있는 그대로 보기 위해서'라고 답하라.
그대들이 말하는 두 가지가 무엇인가 묻는다면, '이것은 괴로움이다. 이것은 괴로움의 원인이다' 하는 것이 첫 번째 관찰이다.
'이것은 괴로움의 소멸이다. 이것은 괴로움의 소멸에 이르는 길이다' 하는 것이 두 번째 관찰이다.
수행자들이여, 이 두 종류의 괴로움을 정확히 하라. 그리고 게으름을 피우지 말라. 부지런히 노력하며 굳게 나아가라. 그러면 다음의 두 가지 좋은 결과 중 그 하나를 얻든가(첫째 좋은 결과), 아니면 아직 번뇌가 남아 있을 경우 미망에 찬 이 생존 속으로 다시

는 돌아오지 않게 된다(둘째 좋은 결과).″

이 말씀 속에 불교의 중요한 교리가 다 나왔습니다. 불교를 제대로 이해하려면 초기불교의 근본교리를 배워야 합니다. 앞에서도 말씀드렸듯이 그 '근본교리' 중의 하나가 '사성제四聖諦', 즉 '네 가지 성스런 진리'인 고苦 · 집集 · 멸滅 · 도道입니다. 세상은 괴로움의 성질 · 괴로움의 집합 · 괴로움의 소멸 · 괴로움의 소멸에 이르는 길로 이루어졌다는 것이 사성제인데, 이 네 가지는 불교사상을 가장 완벽하게 설명해 주는 법칙이기도 합니다.

다시 말하면 우리가 겪는 모든 괴로움은 그 원인에 따라 세상은 괴로울 수밖에 없으며, 괴로움은 이유 없이 생기는 것이 아니라 반드시 인과관계가 있으며, 그 괴로움은 소멸될 수 있고, 소멸의 길이 있음을 설하고 있습니다. 항상 사제와 팔정도를 함께 언급하는데, '팔정도'가 도성제의 실천적 연장선상에 있기 때문입니다. 부처님은 『숫타니파타』에서도 사성제에 대한 바른 이해를 통해 삶의 문제를 해결해서 괴로움에서 벗어나 복된 길로 갈 수 있는 길을 구체적으로 제시하고 있습니다.

애착을 소멸시키면 괴로움도 생기지 않는다

접촉에 끌려 생존의 흐름에 따라

그릇된 길로 들어간 사람들은 속박을 끊어버릴 수 없다.

접촉을 잘 알고 이해해서 평안을 즐기는 사람은, 실로 닿음을 소멸하는 까닭에 쾌락을 느끼지 않고 평안을 누린다.

모든 괴로움은 다 애착으로 인해서 생긴다. 이것이 그 첫 번째 관찰이다.
그러나 애착을 남김없이 소멸시킨다면 괴로움도 생기지 않는다. 이것이 그 두 번째 관찰이다.

이 두 가지를 바르게 관찰하여
게으름 없이 지극하게 노력하는 수행자는
현세의 번뇌를 다 끊어버리고
이 미혹한 생존으로 돌아가지 않는다.

🍃 부처님은 괴로움의 원인의 길과 해탈의 길 두 가지에 대해 말씀해 주셨습니다. 첫 번째 관찰은 애착이 괴로움의 원인이요, 두 번째 관찰은 애착이 사라지면 고통이 사라진다는 말씀입니다. 또한 우리가 겪게 되는 모든 문제를 근본적으로 해결하기 위해서는 먼저 잘 살펴보고 정확히 알아야 한다고 강조하셨습니다.
불교 수행은 마음의 움직임을 살피는 것에서 시작합니다. 마음을 잘 살피지 않고서는 번뇌의 원인을 알 수 없기 때문입니다. 불교에서는 이리저리 흔들리는 마음을 원숭이에 비유하는 경우가 많습니다. 인도에 원숭이들이 많이 살고 있어서 사람들이 원숭이들의 습성에 대해 잘 알고 있기에 그렇기도 하고, 실제로 원숭이가 한시도 가만히 있지 못하는 습성이 있습니다. 그런데 이렇게 정신없이 오락가락하는 원숭이가 수행자를 따라서 깨달음을 성취한다는 얘기가 경전에 나옵니다.

> 옛날에 원숭이 한 마리가 살고 있었습니다. 이 원숭이가 숲에서 선정에 들어 있는 수행자를 발견하고 가까이 가보았습니다. 처음에는 소리를 내 보고 수행자에게 나뭇가지를 던지기도 했습니다. 그래도 반응이 없자 가슴을 꼬집어보기도 하는 등 별의별 행동을 다 해도 수행자는 움직이지 않았습니다. 아무리 장난을 쳐도 수행자는 꼼짝도 하지 않았습니다.
> 무료해진 원숭이는 할 수 없이 좌선에 든 수행자의 흉내를 내 보았습니다. 그렇게 수행자를 따라서 앉아 있던 원숭이는 뜻밖의 것을 알게 되었습니다.
> 호흡이 있었고, 호흡에는 들숨과 날숨이 교차한다는 것, 그리고 호흡을 주시하자 모든 생각이 끊어지는 것을 깨달았습니다. 마침내 원숭이는 아라한의 깨달음을 성취하게 되었습니다.

그렇습니다. 향 싼 종이에서는 향내가 나고 생선 싼 종이에서는 생선 냄새가 나듯, 훌륭한 사람을 흉내 내다 보면 자기도 모르는 사이에 훌륭한 사람이 됩니다. 우리가 절에 자주 와서 부처님께 참배를 하고 부처님의 가르침을 배우는 것은 바로 부처님을 닮고자 함이요, 부처님의 깨달음을 성취하기 위함입니다. 부처님처럼 모든 괴로움에서 벗어나 대자유인이 되어 궁극적인 행복인 니르바나의 경지에 들기 위해서입니다.

왜 괴로운 것일까요? 자기 스스로 마음의 주인이 되지 못하고 이리저리 끌려 다니며 집착하기 때문입니다. 마음의 주인이 되면 능동적인 생각을 할 수 있습니다. 그렇게 되면 자신의 의지와 상관없이 끌려다니는 소모적인 일상이 아닌 늘 긍정적이고 에너지가 넘치는 삶이 될 것입니다.

4. 시詩의 장

욕망을 비켜가는 법

욕망에 휘둘리지 마라

욕망을 채우려고 갈망하던 사람이
만일 바라던 대로 잘 된다면
그는 욕망을 채워 매우 기뻐할 것이다.

욕망을 채우기 위해 갈망하던 사람이
만일 바라던 대로 잘 되지 않는다면
그는 화살에 맞은 것처럼 괴로워할 것이다.

고려 중기의 고승 진각혜심(1178~1234) 국사가 편찬한 선문공안집인 『선문염송』에 "설식부당포舌食不當飽 화병불충기畵餠不充飢", '밥을 이야기해도 배가 부르지 않고 그림의 떡으로는 배를 채울 수 없다'는 말이 나옵니다. 수행을 통해 깨달음의 경지에 들어가는 것이 그림의 떡으로는 배를 채울 수 없듯, 말로는 설명할 수 없고 직접 체험해야 한다는 것을 강조할 때 이 구절이 자주 인용됩니다. 불교 공부는 스스로 수행해서 체득해야 합니다. 불교 공부를 제대로 하면 세상의 이치를 알 수 있습니다. 세상 모든 일이 크게 괴로워할 일도, 크게 기뻐할 일도 아닙니다.

불교에서는 욕망을 '갈애'라고 표현하면서 매우 경계하는데 왜 그런지 깊이 사유하다 보면 알게 됩니다. 세상 사람들은 대부분 목마른 사람이 절박하게 물을 찾을 때처럼 끊임없이 뭔가를 갈망합니다. 위 구절에서도 얻으면 기뻐하고 얻지 못하면 괴로워한다는 욕망의 속성이 나왔습니다. 어떻게 해야 욕망의 괴로움에서 벗어날 수 있을까요?

"멀리 떨어져서 용감해지기는 쉬운 일이다"라는 인디언 호피족의 말에서도 교훈을 얻을 수 있습니다. 우리는 자기에게 직접적이지 않은 일로는 상처받지 않습니다. 그러나 똑같은 일이라 할지라도 자기와 관련이 있을 때는 괴로움의 원인이 됩니다. 때로는 자기 일도 남의 일처럼 멀리 떨어져서 볼 줄 알아야 합니다. 그 일에 휘둘리지 않는 것이 처음부터 끝까지 자기 삶의 주인공으로 사는 것입니다. "밥을 이야기해도 배가 부르지 않고, 그림의 떡으로는 배를 채울 수 없다"는 말씀처럼 수행을 통해 대자유인이 되고 주인공으로 살아갈 때 욕망을 충족시키기 위해 헐떡거리는 삶에서 멀어지게 됩니다. 더 이상 욕망의 화살을 맞지 않을 수 있습니다.

신중하며 주의 깊은 사람은
욕망을 정복할 수 있다

뱀의 머리를 밟지 않으려 조심하는 것처럼
모든 욕망을 피하는 사람은 생각을 바르게 하고,
이 세상의 모든 집착에서 벗어날 수 있다.

언제나 생각을 바르게 하고
모든 욕망을 피하는 사람은
깨진 배에 새어든 물을 퍼내는 것처럼
모든 욕망을 버리고 저 건너 니르바나에 이르게 되리라.

욕망을 정복하는 방법이 나왔습니다. 뱀의 머리를 밟지 않기 위해 조심하듯이 무슨 일이든 신중히 생각하고 주의注意하면 욕망을 정복할 수 있다고 하였습니다. 마음의 평정을 잘 유지하는 데서 신중함과 주의가 나옵니다. 마음이 들떠 있으면 신중과 주의와는 삼만 팔 천 리 멀어진 행동이 나올 수밖에 없습니다.

배에 물이 스며들면 재빨리 퍼내야 합니다. 마음을 잘 다스려서 욕망으로부터 자유로워질 때 자기 인생의 주인공이 되어 거센 물결을 건너 니르바나 저 언덕으로 갈 수 있습니다.

동굴 속에서 벗어나
영혼의 자유를 얻으라

동굴(육체) 속에 머물러 집착하고
많은 번뇌에 덮여 미혹 속에 빠진 사람,
그는 몸과 마음의 번뇌를 떨친 진리와 먼 거리에 있다.
그는 이 세상의 욕망을 버리기 힘들다.

욕구에 따라 생존의 쾌락에 잡혀 있는 사람은 해탈하기 어렵다.
해탈은 다른 이의 힘으로 해 줄 수 있는 것이 아니기 때문이다.
그들은 미래나 과거를 생각하면서 현재와 과거의 욕망을 탐한다.

우리 몸은 컴컴한 동굴과 같은 작은 세계에 불과합니다. 그런데 욕망에 사로잡혀 하릴없이 세월을 보냅니다. 그러다보니 진리의 삶과는 멀리 떨어지게 됩니다. 욕망의 세계는 빛이 들지 않는 컴컴한 동굴과 같습니다. 중생의 몸도 동굴이요, 중생이 사는 세계 또한 동굴 속의 삶일 뿐입니다. 동굴을 벗어나기 전에는 동굴의 실상을 알기 어렵고, 동굴 밖의 세계도 알지 못합니다.

동굴의 경계선에 욕망이 도사리고 있습니다. 그런데 이 욕망이라는 게 버리기도 어렵고 벗어나기도 어렵습니다. 과거에도 그렇고 지금도 그렇습니다. 어찌 보면 인류 역사라는 것이 끝없는 욕망의 산물이라 하겠습니다.

부처님께서는 생존의 쾌락에 갇혀 있는 사람은 영혼의 자유를 얻기 어렵다고 하셨습니다. 그렇습니다. 좋은 줄 알았던 욕망이 결국 삶의 무거운 굴레가 되는 것입니다. 이와 같은 사실을 여실히 안다면 절망감마저 느껴집니다. 어떻게 해야 욕망의 굴레에서 벗어나 진정한 영혼의 자유를 누릴 수 있을까요?

욕망에 빠지지 마라

그들은 욕망을 탐하고, 구하고, 빠지고
인색하고 옳지 못한 부정에 젖어 있지만,
죽을 때는 괴로움에 억눌려 슬피 탄식한다.
'이제 죽으면 나는 어떻게 될 것인가.'

그래서 사람은 가르침을 배워야 한다.
세상에서 바르지 않은 것을 알았으면

절대로 바르지 않은 행동을 해서는 안 된다.

"사람의 생명은 짧다."고 현자들이 말하고 있지 않은가!

임제 선사께서 말씀하시길, "구심헐처즉무사求心歇處卽無事", '구하는 마음을 쉬는 것이 바로 일 없는 것이다'라고 하셨습니다. 구하는 마음을 쉬는 것, 즉 욕망을 다스리는 일이야말로 일 없는 것, 바로 깨달음에 드는 열쇠라는 말입니다.

진리의 세계, 깨달음의 세계는 불교든 유교든 하나로 통하기 마련입니다. 산으로 올라가는 길이 다를 뿐 산꼭대기에서 만나는 것과 같습니다. 물론 올라가는 길이 지름길이냐 돌아가는 길이냐 어려운 코스냐 쉬운 코스냐의 차이도 있고, 그 산 자체가 진리의 산인지 삿된 산인지는 알아봐야 합니다. 정상을 보려면 제대로 보고 올라가야 합니다. 종교를 잘 선택해야 삶이 행복해집니다.

송나라 유학자인 정명도程明道(1032~1085)는 "양망兩忘하면 징연무사澄然無事"라고 하였습니다. 양망은 삶과 죽음(生死), 옳고 그름(是非), 좋음과 싫음(善惡), 괴로움과 즐거움(苦樂), 사랑과 증오(愛憎), 안과 밖(內外) 등 상대적인 생각을 끊고 그것에 집착하는 마음을 비우는 것입니다. 그렇게 양자의 대립을 잊으면 마음이 맑아져서 일이 없다고 했습니다. 이러한 경지가 바로 우리가 구하는 니르바나의 세계입니다.

여기서 일이 없다는 말이 대단히 심오합니다. 세상 사람들은 모두 일을 벌이면서 분주하게 살아가고 있고, 일이 없는 사람은 마치 인생의 낙오자처럼 느껴지는 시대에 이 말을 이해하기가 쉽지는 않을 것입니다. 마음공부를 제대로 해야만 이 말의 참뜻을 알 수 있습니다.

마음의 본래 청정한 광명을 밝히면 그대로 축복이요, 평화요, 일이 없는 경지입니다. 매일 떠오르는 태양을 우리가 뭐라 부르든 상관없는 것처럼 신령한 마음의 광명은 우리가 어떤 삶을 사느냐와 상관없이 물들지도 않고 영향을 받지도 않습니다. 마음을 쉬는 것이 얼마나 큰 축복인지 깨닫지 못한 사람은 진리의 삶을 살았다고 할 수 없습니다.

'내 것'이라는 소유의 관념을 지워라

생존에 대한 망령된 집착에 이끌려
두려워 떨고 있는 사람들을 보았다.
어리석은 사람들은 온갖 생존의 집착에서 떠나지 못해
죽음에 직면하여 슬피 울고 있다.

매사 자기 것이라 집착하여 흔들리는 사람들을 보라.
마치 물이 메말라가는 얕은 연못 속의 물고기와 같다.
이것을 보면 '내 것'이라는 생각을 버리고,
생존에 대한 애착을 버려야 함을 깨닫게 된다.

우리는 물이 말라가는 연못 속의 물고기와 같은 존재입니다. 생존에 집착하여 태어나는 순간부터 죽음으로 치닫고 있는 처지임을 모릅니다. 부처님이 보고 듣는 일에 정신 팔리지 말고, 생각을 가다듬고 번뇌의 화살을 뽑아 대 자유의 세계로 나아갈 것을 거듭거듭 강조하신 것도 삶에 대한 중생의 집착 때문입니다.

유일신교에서는 사람을 원죄를 지은 죄인이라 하고 신의 종이라고 합니다. 하지만 불교에서는 인간은 본래 부처님과 같은 불성佛性을 갖춘 존재인데, 탐진치 삼독심에 얼룩져 자신이 거룩한 존재임을 모를 뿐이라고 합니다. 오직 맑고 청정한 마음을 드러내기만 하면 중생의 세계를 극복하고 부처가 될 수 있다는 게 불교의 인간관입니다. 그 마음자리를 '백로지白露地'라고 표현하기도 합니다. 아무 것도 없는 벌판에서는 모든 것이 훤히 드러납니다. 숨길 것이 없습니다. 명명백백해지면 진실한 마음이 드러납니다. 불교의 수행과 공덕의 세계는 청정한 마음을 드러나게 하는 것입니다. 여기서 청정행이 나오고 그 청정행은 보살행이 됩니다. 남을 행복하게 해 주는 보살행을 실천하는 사람이 부처님입니다.

최근 책에서 동물실험에 대한 이야기를 읽으면서 많은 생각을 했습니다.

원숭이에게 버튼을 누르면 먹을 것이 나오도록 합니다. 그 장치에는 다른 원숭이에게 전기 자극이 가도록 하여 버튼을 누르면 먹이와 함께 다른 원숭이가 고통을 받도록 하면서 원숭이의 행동을 관찰하는 실험이었습니다. 그런데 이 사실을 안 원숭이는 자신이 굶어죽을 지경이 되면서도 버튼을 누르지 않았다고 합니다. 이 원숭이의 실험 결과는 쥐의 실험에서도 똑같은 현상이 나타났다고 합니다.

불교에서는 모든 중생이 다 불성을 가지고 있다고 합니다. 인간뿐만 아니라 살아 있는 모든 존재에게 불성이 있다는 부처님의 말씀이 과학이 발달할수록 증명되고 있습니다. 부처님의 깨달음, 불교 사상의 진리성에 감읍하게 됩니다.

이 거룩한 가르침에 귀의하고 출가하여 이 길을 걷고 있는 있다는 것에 마음 깊이 감사했습니다. 원숭이의 실험을 보면서 아인슈타인을 위시한 세계의 석학들이 왜 인류 미래의 희망이 불교에 있다고 했는지 알 것 같습니다.

이웃종교인의 비난이
수행을 돕다

성인은 어떤 비난에도
마음이 거칠어지지 않는다

마음에 분노를 일으켜 남을 비난하는 사람들이 있다.
마음이 진실한 사람들도 남을 비난할 때가 있다.
성인은 어떤 비난을 받아도 끄달리지 않는다.
어떤 일에 대해서도 마음이 거칠어지지 않는다.

욕심에 이끌리고 원하는 것에 집착하는 사람들이
어떻게 자신의 견해에서 벗어날 수 있겠는가.
그는 스스로 완전하다고 생각하고, 마음대로 행동하고,
자기가 아는 대로 떠들고 다닌다.

남에게 자기가 만든 계율과 견해를 강요하는 사람,
스스로 자신의 가르침만이 좋다고 말하는 사람은
실로는 진리를 지니지 않은 사람이라고
진리를 깨달은 사람들은 말한다.

모든 사물에 관해 편견을 가진 사람은 비난을 받는다.
그러나 편견을 가까이하지 않는 사람을 어찌 비난할 수 있겠는가.
집착하는 일도 없고 버리는 일도 없는 사람,
이 세상에서 모든 편견을 씻어버린 사람을 어찌 비난할 수 있겠는가.

부처님은 악의를 품고 남을 비난하거나 욕하지 말라고 하셨습니다. 비난은 마음을 거칠게 하고 영혼을 황폐하게 하는 해로운 길입니다. 또한 자신을 스스로 높이고 자랑하는 사람은 자신의 편견에 사로잡혀 상대의 마음을 자극하거나 다툼을 일삼는 경우가 많습니다.

탐욕에 이끌린 사람은 자신의 생각, 독단적인 견해를 뛰어넘지 못해 자신이 하는 일이 모두 옳다는 주장만 늘어놓습니다. 게다가 악의를 품고 남을 비난하는 사람들, 사물에 대해 편견을 갖고 있는 사람들은 여타의 위협도 서슴지 않는 경우가 많습니다. 그런 사람은 늘 주변사람들과 불화하기 마련입니다. 아무도 그를 반기지 않습니다.

목소리 큰 사람이 이긴다고 하듯이 겉으로 보기에는 편견과 독단에 사로잡혀 큰 소리를 내는 사람들이 이기는 것 같지만 실제로는 그렇지 않습니다. 성인은 칭찬에도 비난에도 동요하지 않습니다. 편견을 전혀 갖고 있지 않은 성인을 어찌 비난할 수 있겠습니까?

부처님 당시에 불교가 마치 모래밭에 물이 스며들 듯 순식간에 사람들 사이에 배어들자 기존의 종교교단에서 큰 반발을 했습니다. 부처님을 험담하고, 비방하는 데에서 더 나아가 폭력적인 행동을 하기도 했습니다. 그때마다 부처님은 시간이 지나면 진실은 드러나게 되어 있다고 하시면서 이교도들의 폭력에 맞서 응징해야 한다는 제자들을 말리셨습니다.

오늘날에도 불교를 비방하는 이들이 많습니다. 지하철이나 거리에서 노골적으로 스님들을 모욕하는 이웃종교인들을 만나면 정말 곤혹스러울 정도입니다. 『숫타니파타』의 말씀을 되새기고, 부처님 당시의 일화들을 생각하면서 그들의 무례를 비켜가야 하겠습니다.

청정, 이 세상 누구도
오염시킬 수 없다

지혜로운 사람은
번잡한 일을 벌이지 않는다

'나는 가장 높고 병病 없이 맑은 사람을 보았다.
인간이 완전히 맑아지는 것은 견해에 달려 있다.'
이와 같이 생각하는 것을 가장 높고 맑다고 이해하는 사람은
가장 높은 경지에 이를 수 있는 지혜를 깨닫게 되리라.

스스로 맹세하고 계율에 집착하는 사람들은
생각에 잠겨 여러 가지 번잡스러운 일을 벌인다.
그러나 베다로 인해서 알고, 진리를 이해한
지혜로운 사람은 결코 번잡한 일을 벌이지 않는다.

그는 모든 사물에 대해서 보고 배우고 생각한 것을
스스로 제어하고, 다스리고 있다.
이와 같이 관찰해서 장애 없이 행동하는 사람이
어찌 이 세상에서 망령된 생각과 분별을 할 수 있겠는가?

진정한 수행자는 번뇌를 벗어날 수 있다.
그는 아는 것이나 보는 것에 집착하지 않는다.
그는 욕심을 부리지도 않고,
욕심에서 떠나려고 애쓰지도 않는다.
그는 이 세상에서는 이것이 가장 높은 것이라고
망령된 집착을 갖는 일도 없다.

순수하고 완벽한 사람, 진정한 수행자, 진리를 본 청정한 사람에 대한 말씀을 읽으면서 많은 선사들 가운데 다쿠앙 선사 이야기가 생각납니다. "진리를 아는 사람은 여러 가지 잡다한 일을 벌이지 않는다"라는 구절이 마음에 와 닿았습니다.

일본의 다쿠앙 소오호오澤庵宗彭(1573~1645) 선사는 지금 우리가 즐겨 먹는 단무지를 최초로 만든 분으로 더욱 유명합니다. 스님은 수많은 일화를 남겼는데, 스님의 임종 모습이 대단합니다. 제자들이 유게遺偈를 남겨달라고 간청하는데도 머리만 흔들 뿐 대답하지 않았습니다. 제자들의 거듭되는 간청에 글자 한 자를 남기고 열반에 들었습니다.

"몽夢"

꿈! 스님은 왜 이 글자를 남겼을까요? 세상은 한바탕 꿈과 같으니 부지런히 수행 정진하라는 당부였습니다. 한편 자신이 죽은 다음 사후 처리에 대해 제자들에게 부탁한 다쿠앙 선사의 유훈이 아직도 전해져 후학의 귀감이 되고 있습니다.

"장례를 치러서는 안 된다. 시체는 밤에 남모르게 들어다 들에 파묻어라. 그리고 그것으로 그만이다. 두 번 다시 찾아오지 마라."
"그 어디서고 부조금을 받아서는 안 된다."
"묘지를 만들지 마라."
"조정으로부터 선사禪師 칭호가 내려오더라도 받지 마라."
"위패도 필요 없다. 49재 등 불교 의식 일체를 행하지 마라."

일을 벌이지 않고 후학을 번거롭게 하지 않으려는 스님의 청정한 수행 가풍이 잘 드러나는 말씀들입니다. 사람이든 물건이든 과대포장이 일상화된 이즈음, 다쿠앙 스님의 청정가풍의 가르침이 더욱 소중하게 다가옵니다.

선입견을 버려야
진리의 길에 들어설 수 있다

계율이나 도덕에만 너무 사로잡히지 마라

세상에서 사람이 뛰어났다고 보는 자를,
'가장 뛰어난 것'이라고 생각하고,
'다른 것은 모두 뒤떨어진다'고 한다.
그래서 그는 논쟁이 그칠 날이 없다.

그는 본 것, 배운 것, 계율이나 도덕과 사색을 통해
자기 나름대로 뛰어난 결실을 체험하고,
거기에만 집착해서 다른 모든 것은 뒤떨어진 것으로 생각한다.

자기가 보고 듣고 배우고 사색한 것 외에는
모두 유치하다고 한다면

그거야말로 큰 장애가 된다고 진리에 통달한 사람들은 말한다.
수행자는 본 것, 배운 것, 사색한 것,
계율이나 도덕에 구애를 받아서는 안 된다.

그는 이미 가지고 있던 견해를 모두 버리고
집착하지 않고 지식에도 특별히 의존하지 않는다.
그는 갖가지 견해로 분열된 사람들 틈에 있으면서도
어느 당파에도 맹종하지 않고,
어떤 견해일지라도 그대로 믿지 않는다.

그는 망령된 생각으로 분별하지 않고,
어떠한 한 가지 견해를 특별히 소중하게 여기지 않는다.
그는 모든 가르침을 원하지 않는다.
그는 계율이나 도덕에 끄달리지 않는다.
그는 이미 니르바나에 이르렀으므로
다시는 세상에 돌아오지 않는다.

일찍이 방랑생활을 했기에 나그네를 더욱 가엾이 여기고
지나치게 술을 탐하였기에 취한 사람을 아낀다.
曾爲浪客偏憐客 爲愛貪盃惜醉人.

『선문염송』에 나오는 게송인데, 영운지근 선사의 복사꽃을 보고 깨달은 기연에 붙여진 많은 게송들 가운데 하나입니다. 방랑자는 나그네의 고단함을 누구보다 잘 알 것이며, 술에 골병이 들어본 사람은 술 취한 사람의 심정을 잘 헤아릴 수 있습니다. 마찬가지로 수행에 온 몸을 바쳐 살아본 사람만이 수행자를 아끼게 마련입니다. 알면 아끼는 마음이 드는가 봅니다. 그런데 문제는 자기가 알고 있는 것에 사로잡혀 집착하는 데 있습니다.

부처님은 이 장에서 '최상의 견해'에 대해 말씀하십니다. 모든 사람들이 자신의 견해를 최상의 견해라고 주장하면서 다른 사람의 견해를 폄하하려 하는데, 그래서는 안 된다고 합니다. "그는 망령된 생각으로 분별하지 않고, 어떠한 한 가지 견해를 특별히 소중하게 여기지 않는다"고 분명하게 말씀하고 있습니다.

세속에 사는 사람은 세속의 관점에 따라, 출가자는 출가자의 관점으로 모든 것을 판단하려 하기 때문에 자신에게 맞는 것이 남에게는 맞지 않는 일이 허다합니다. 선입견은 수행뿐만 아니라 세상을 살아가는 데도 바람직한 일이 아닙니다. 스스로의 생각에 갇히면 폭넓게 보지 못하므로 세상살이는 물론이고 진리의 길에 장애가 됩니다. 선입견을 버리고 열린 마음으로 세상과 소통하고, 지혜롭게 변화를 주시하며 올곧게 당당히 니르바나로 향하는 이야말로 '최상의 견해'를 가진 사람이라 할 수 있습니다.

이 세상은
끊임없이 변해 가고 있다

내 것이라는 관념을 갖지 마라

아, 짧은 인생이여!
백 살도 못 되어 죽어버리는구나.
비록 이보다 더 오래 산다 해도
결국은 늙고 쇠하여 죽어버리는구나.

사람들은 '내 것'이라고 집착한 사물로 인해서 괴로워한다.
'내 것'이라고 생각한 것은 영원한 것이 아니기 때문이다.
이 세상은 언제나 변하고 없어지는 것임을 알라.
집에 머물러 있지 말고 길을 떠나라.

사람들이 '내 것'이라고 생각하는 물건은

물건을 소유한 주인의 죽음으로 잃게 된다.
나를 따르는 수행자들은 이 이치를 깨닫고
'내 것'이라는 관념을 갖지 말라.

꿈속에서 만난 사람을 다시 볼 수 없는 것처럼,
사랑하는 사람이 죽어 이 세상을 떠나면
이제 다시 그를 볼 수 없는 것과 같다.

세상에 피할 수 없는 일이 있습니다. 흐르는 세월입니다. 하루하루 지남에 따라 늙고 쇠하여 마침내 죽음에 이르는 게 모든 생명의 거부할 수 없는 숙명입니다.

시간의 흐름 속에서 만물이 변화합니다. 무상無常, 덧없음 앞에서 변하지 않는 것은 아무 것도 없습니다. 다만 윤회의 수레바퀴 속에서 생멸을 거듭할 뿐입니다. 나고 늙고 병들어 죽는 인간의 생로병사도 마찬가지입니다. 그런데도 사람들은 생에 집착하고 자기 물건에 집착합니다.

무상의 이치를 모르고 세상 모든 것이 변한다는 사실을 망각하면 괴로움이 생깁니다. 좋든 싫든 받아들일 때 괴로움에서 벗어날 수 있습니다. 불교에서는 세상의 본질을 바로 말하는데, 무상하기 때문에 그 무엇도 궁극의 기쁨이 아니라고 설합니다. 끊임없이 변해 가는 세상을 인식하고 어서 구도의 길을 떠나라고 독려합니다. 세상의 무상함은 마치 잠에서 깨어난 사람이 꿈속에 만났던 사람을 다시 만나지 못하는 것과 같고, 사랑하는 사람이 죽으면 두 번 다시 그를 볼 수 없는 것과 같습니다.

무상한 삶에서 우리가 해야 할 일은 무엇일까요? '나', '내 것'에 집착하지 말고, 무상을 넘어 진리의 길에 들어서는 것이야말로 시급하고 또 시급한 일입니다.

성인은 어떤 것에도 머무르지 않는다

성인은 어떤 것에도 머무르지 않으며
사랑하지도 않고 미워하지도 않는다.
슬픔도 아쉬움도 그를 더럽히지 않는다.
마치 연꽃 잎의 물방울이 더럽혀지지 않는 것처럼.

저 연꽃 잎의 물방울이 더럽혀지지 않는 것처럼
성인은 보고, 배우고, 사색한 어떠한 일에 대해서도
결코 더럽혀지지 않는다.

사악邪惡함을 모두 물리친 사람은
보고 배우고 사색한 어떠한 일에도 집착하지 않는다.
그는 다른 사람에 의해서 맑히려고도 하지 않는다.
그는 탐욕을 내지도 않고, 탐욕을 떠나지도 않는다.

성인은 세상을 정확히 보고 이해합니다. 그래서 "성인은 어떤 것에도 머무르지 않으며, 사랑하지도 않고 미워하지도 않는다. 슬픔도 아쉬움도 그를 더럽히지 않는다"고 한 것입니다. 참으로 대단한 경지입니다. 어딘가에 머무르면 애착이 생기고, 애착은 사랑과 미움의 씨앗입니다. 성인은 머무르지 않기에 사랑과 미움을 초월합니다.

슬픔과 인색함이 그를 더럽힐 수 없다는 구절이 인상적입니다. 가만히 살펴보면 어떤 일에 슬퍼하는 것도, 인색한 것도 마음이 집착이라는 것에 더럽혀졌기 때문입니다. 더럽혀지지 않는 비밀은 세상을 제대로 알고 집착하지 않는 데 있습니다.

마이뚜나房事의
유혹을 뿌리쳐라

성욕은 파멸의 문이다

수행자 티사 메티야 :
스승이여, 마이뚜나(房事; 성교)에 빠짐으로써
파멸한 사람에 대해 말씀해 주십시오.
당신의 가르침을 듣고
우리도 그를 멀리 하는 것을 배우겠습니다.

스승 :
메티야여, 마이뚜나에 빠지는 자는
진리의 가르침을 잃어버리고 행동을 더럽히게 되니
이것은 그들 안에 있는 천한 사연 때문이다.

전에는 홀로 살면서 수행하다가
후에 마이뚜나에 빠지는 사람은
마치 수레가 길에서 벗어난 것과 같다.
세상사람들은 그를 어리석은 범부라 한다.

그는 지금까지 가지고 있던
명예와 명성을 다 잃게 된다.
이것을 잘 보고 마이뚜나를 끊도록 힘쓰라.

  수행자는 세속의 욕망으로부터 벗어난 사람입니다. 수행자뿐만 아니라 세상사람 중에서도 마음이 고결한 사람은 세속의 일에 초탈하여 욕심을 부리지 않습니다. 반대로 욕망에 사로잡힌 사람은 보고 듣는 대로 집착하고 얽매이게 됩니다. 욕망이 파멸의 문입니다. 특히 성에 대한 욕망은 진리의 가르침을 잃어버리게 하고 사악한 길로 접어들게 하는 지름길입니다. 그 원인이 자신 속에 잠재해 있는 어리석은 근성 때문이라고 하셨습니다.
  부처님은 인간의 성욕, 특히 남자들의 성욕을 잘 알고 있었기 때문에 이토록 마이뚜나의 유혹을 뿌리쳐야 한다고 강조하신 것입니다. 성욕을 절제하지 못하면 순식간에 속된 인간이 되고, 지금까지 이룬 명예와 명성을 모두 잃게 됩니다. 그것은 오늘날도 마찬가지입니다. 요즘 아무리 성이 개방화된 시대라 할지라도 성추행 문제 하나로 그의 인생이 한순간에 나락으로 떨어지게 됩니다.

중요한 것은 욕망의 흐름을 건너 출가자는 출가자대로 재가자는 재가자대로 올곧은 삶, 진리의 삶을 사는 데 있습니다. 자의든 타의든 마음을 닦고 욕망을 다스려야 하는 시대입니다.

'이것만이 진리'라고
고집하는 이들과 상대하지 마라

최상이라고 고집할 수 있는 것은 없다

특수한 철학적 견해를 가지고 논쟁해서
"이것만이 진리다" 하는 사람이 있다면
그대는 그들에게 말하라.
"논쟁을 하고 싶겠지만,
그대와 싸울 사람은 여기에 없다"고.

또 번뇌의 군사를 궤멸하고, 바른 견해를 가지고
그 어떤 견해와도 모순되지 않는 사람들이 있다.
그들 속에서 그대는 무엇을 얻으려고 하는 것인가?
파수라여, 그들 중에서 '가장 뛰어난 것'이라고
고집할 만한 것은 없음을 알라.

논쟁의 무의미함을 설한 내용입니다. 진정한 법을 위한 공부가 아니라 단지 우쭐대고 남에게 과시하기 위한 논쟁은 사람을 피로하게 할 뿐 가치 있는 일이 아니라는 말씀입니다. 남을 이기기 위한 승부욕에 불타 투쟁적인 논쟁을 한다거나 남에게 우월함을 드러내고 싶은 생각을 가진 논쟁은 무모하기 짝이 없고, 잃을 게 많다는 의미입니다.

"모든 중생의 이익과 안락과 행복을 위하여 길을 떠나라"는 부처님의 전도 선언에서도 엿볼 수 있듯 부처님의 가르침은 일체 중생을 이익되게 하는 것입니다. 어디에도 편벽되지 않고 모든 중생을 이롭게 하는 진리의 말씀입니다.

그러므로 소소한 득실을 따지는 것이나 말싸움은 결코 바람직하지 않은, 비불교적인 행동입니다. 그런데 불자들 가운데도 이렇듯 비불교적인 행동을 습관적으로 행하는 사람들이 있습니다. 잠시 자신의 지난 행동을 돌이켜 보십시오. 자신의 견해만 고집하지는 않았는지, 진리의 바른 가르침을 두고 삿된 외도의 주장에 휩쓸려 시간을 낭비하지는 않았는지, 바른 이해도 갖추지 못했으면서 자신의 견해가 옳다고 주장하지는 않았는지 잘 살펴보십시오. 잘못 된 길로 가면 결국 모든 것을 잃게 됩니다.

마간디야의 질문에 답하시다

어떤 것도 고집하지 마라

스승 :

내가 옛날 도를 닦으려 할 때 깨달음을 얻기 직전에
애욕과 혐오와 탐욕이라는 세 마녀를 보아도
그녀들과 함께하고 싶다는 욕망이 전혀 일어나지 않았다.
똥오줌으로 가득 차 있는 여자가 대체 무엇인가?
나는 그녀들의 발을 건드려보려는 생각조차 하지 않았다.

마간디야:

만일 당신이 많은 왕자들이 원하는 여인, 보화를 원치 않는다면
당신은 어떤 견해를 주장하고, 어떠한 계율, 도덕, 생활 방법,
어떠한 삶의 태도로 다른 사람을 가르치는 것입니까?

스승:

마간디야여, 나는 견해로서도, 학문으로서도, 지식으로서도,

계율과 도덕으로서도 맑아질 수 있다고 가르치지 않는다.

견해와 학문과 지식이 없이도,

계율이나 도덕을 지키지 않아도

맑아질 수 있다고 가르치지도 않는다.

이것들을 버리지도 말고 고집하지도 말며,

그 어떤 것에도 구애받지 말라.

편안하고 변화하는 생존을 원해서는 안 된다.

이것이 바로 '마음의 편안'인 것이다.

아주 중요한 수행자의 자세에 대해 말씀하고 계십니다. 탐진치 삼독심을 악마의 '세 딸'로 비유하시면서 탐내고 성내고 어리석은 삼독의 해로움을 알고 가까이하지 않았다는 것입니다. 경전 구절을 보면 참으로 재미가 있습니다. 삼독심을 미인에 비유한 것, 미인의 육체를 똥오줌으로 가득 찬 혐오스런 존재로 비유한 것을 보면서 여러 가지 상념에 젖게 됩니다. 부처님의 말씀이 강렬할수록 우리 인간이 그만큼 탐진치 삼독심에 휘둘려 살고 있다는 것이고, 육체·성욕에 집착하고 있다는 반증입니다. 욕망에서 벗어나면 그대로 평화입니다.

한편 "버리지도 말고 고집하지도 말며"라는 부처님의 말씀을 통해 금강경의 무유정법無有定法을 이해하게 됩니다. 고정된 법은

없습니다. 긍정도 하지 않고 부정도 하지 않고 자신의 견해를 고집하지 않기 때문에 그때그때 상황에 맞게 판단하고 행동할 수 있고 마음의 평온을 얻을 수 있는 것입니다. '내적인 평화'는 이런 인식의 바탕 위에서 이루어집니다.

『선문염송』의 "고처고평 저처저평 高處高平 低處低平", '높은 곳은 높은 대로 평평하고 낮은 곳은 낮은 대로 평평하다'는 말이 생각나는군요. 사람들은 선입견에 따라 지위고하 빈부귀천을 따지면서 높고 좋은 것, 귀한 것만 가치 있게 보고 낮은 것은 하찮게 여기는데, 만물은 높으면 높은 대로 낮으면 낮은 대로 처한 위치에 따라 여여합니다. 자신의 처지를 지나치게 낙관하거나 그와 정반대로 지나치게 비관하는 것은 불교적인 삶의 자세가 아닙니다. 있는 그대로 왜곡하지 않고 받아들이되, 일체중생 실유불성의 절대긍정을 믿고 당당하고 활기차게 살아가는 것이 불자의 삶이라 할 수 있습니다.

차별의 생각에서 벗어나면 자유를 얻는다

베다에 뛰어난 사람은
견해에 대해서도 사상에 대해서도 자만심을 갖지 않는다.
그의 본성이 그렇지 않기 때문이다.
그는 행위는 물론이고 학문에도 이끌리지 않는다.

그는 집착할 만한 거처에도 끌려 들어가지 않는다.

생각을 떠난 사람에게는 잡아매는 속박이 없다.
지혜를 통해서 해탈한 사람에게는 미혹이 없다.
자기 생각과 견해를 고집하는 사람들은
다른 사람과 부딪치면서 세상을 방황하며 살아간다.

이제 진리를 아는 사람과 그렇지 못한 사람에 대해 잘 분별할 수 있을 것입니다. 간혹 대중매체를 통해 사교邪敎에 빠져 인생을 그르치는 사람들을 볼 수 있는데, 그들이 『숫타니파타』를 읽고 깊이 사유했다면 그렇듯 인생을 낭비하는 일은 없었을 거라는 생각이 듭니다. 한편으로는 깊이 반성할 점이기도 합니다. 우리가 더욱 열심히 부처님 진리의 말씀을 전했더라면 저들처럼 사교에 빠지는 사람의 숫자가 조금이라도 덜하지 않았을까 하는 생각이 들기 때문입니다. 그래서 법을 전하는 법보시의 공덕이 물질을 베푸는 재물보시의 공덕보다 훨씬 더 크다고 하셨습니다.

한편 "생각을 떠난 사람에게는 잡아매는 속박이 없다. 지혜를 통해서 해탈한 사람에게는 미혹이 없다"는 말씀을 통해 지혜로운 사람과 어리석은 사람을 대비하여 말씀하셨습니다. 생각에 얽매이지 않고 지혜를 통해서 자유를 얻은 사람과 자신의 생각을 고집하여 사사건건 대립과 갈등을 일으키는 사람 중 나는 어떤 부류의 사람인지 생각해 보시기 바랍니다.

최고의 인간은
어떠한 사람인가

현자는 노여워하지 않고 두려워하지 않는다

어떻게 보고 어떤 계율을 지키는 사람을
평안하다고 하는 것입니까?
고타마여, 이 가장 뛰어난 사람에 대해 말씀해 주십시오.

스승:
죽기 전에 생에 대한 망령된 집착을 버리고
과거에도 구애받지 않고 현재에도 이것저것 생각하지 않는다면
그는 미래에 대해서도 근심하는 일이 없을 것이다.

성인은 분노하지 않고 자만하지 않으며

후회하지 않고, 초조해 하지 않으며,
신주神呪를 외우고, 조심해서 말한다.

최고의 인간에 관해 말해 달라는 질문을 보니 불현듯 『방거사어록』의 "금인도 고인도今人道 古人道", '옛사람도 말하고 지금 사람도 말하는 게 무엇인가?'라는 내용이 생각납니다. 예나 지금이나 변함없이 말하는 것, 시간과 공간을 초월하여 영원히 해결되지 않는 문제가 무엇이냐는 질문입니다.

여러분은 무엇이라고 생각하십니까? 행복, 불행, 성공, 좌절 같은 것도 사람들의 관심사이겠지만, 무엇보다 나고 죽는 문제가 큽니다. '생사대사生死大事'라 하지 않습니까? 저는 이 생사대사를 해결한 사람이 최고의 인간이라고 생각합니다.

부처님이 어떤 계율과 실천으로써 마음의 평안에 이를 수 있는지에 대한 질문에 정말 세세하게 답해 주고 계십니다. 부처님에게 질문한 사람이 아마도 덜렁대고 신중하지 않은 사람이었는가 봅니다. 성격이 급한 사람은 실수가 잦은 법입니다. 본인도 깊이 생각하지 않고 말하고, 상대방의 말도 신중하게 듣지 않고 말끝에 걸려 금세 노여워하고 두려워하는 경우가 많습니다. 그런 사람의 성격을 고쳐주기 위해서 부처님은 뒤에 가서 후회하는 잘못을 저지르지 말라고 설하십니다.

부처님이 한결같이 강조하신, 집착하지 마라, 속이지 마라, 탐하지 마라, 증오하지 마라, 이간질하는 말을 하지 마라는 것은 일상생활 속에서 꼭 필요한 말씀입니다. 눈에 보이지 않는 신비한 세상이나 깨달음의 경계에 대한 말씀이 아니라 사람 사는 세상에서 올바르게 살아가는 길을 밝혀주신 분이 부처님입니다. 대도사大導師인 부처님에게 마음 깊이 감사의 마음을 갖지 않을 수 없습니다.

세상에서 가장 편안한 사람

  그는 미래를 희구하지 않고
  과거를 추억해서 근심하지도 않는다.
  그는 감각기관으로 접촉할 수 있는 모든 대상을 떠나
  모든 견해에 유혹되지 않는다.

  그는 욕심을 버리고 거짓이 없으며
  그는 탐욕스럽지 않고 인색하지도 않다.
  그는 거만하지 않고 미워하지도 않으며
  뒤에서 욕하는 것을 탓하지 않는다.

  그는 세상에서 가진 소유물이 없다.
  가진 게 없어도 근심하지 않는다.
  그는 모든 사물에 끌리지도 않아

세상에서 가장 '평안한 자'라고 불린다.

현자는 과거·현재·미래에 끄달리지 않는 사람입니다. 바로 지금 이 자리에서 충실하게 사는 사람이야말로 현자라고 할 수 있습니다. 그런데 사람들을 살펴보면 과거에 연연해서 괴롭다고 하소연하고, 보이지도 않는 미래의 행복을 위해 지금의 행복을 저당 잡히며 살아가는 사람들이 많습니다. 종교가 이를 부추기는 경우도 있습니다. 죽은 뒤, 혹은 내생을 강조하면서 현재의 삶을 고통 속에 몰아넣는다면 그것은 삿된 종교일 가능성이 높다는 것을 명심하시기 바랍니다.

부처님은 "가진 게 없어도 근심하지 않는다. 그는 모든 사물에 끌리지도 않아 세상에서 가장 '평안한 자'라고 불린다"라고 했습니다. 여기서 무소유라는 개념에 대해 제대로 인식해야 합니다. 무소유는 단순히 소유하지 않는 게 아닙니다. 재물과 명예가 있어도 집착하지 않으면 무소유의 경지에 이른 것입니다. 얻으려고 애쓰고 조금이라도 집착한다면 무소유한 삶이 아니고 진정한 평안이 아닙니다. 무소유를 위한 무소유, 집착을 버리지 못한 욕망으로는 결코 저 해탈 열반의 언덕에 다다를 수 없습니다.

투쟁은 왜,
무엇 때문에 일어나고 있는가

욕망 때문에 다투게 되다

문 :

좋아하는 것에 대한 집착은 왜 시작됐는가?
또 이 세상 도처에서 벌어지고 있는 저 권력 투쟁은
왜, 무엇 때문에 일어나고 있는가?
인간이 내세에 관해서 품은 희망과
그 희망의 성취는 무엇 때문에 일어나는가?

답 :

좋아하는 것에 대한 집착 및 권력 투쟁은
모두 분에 넘치는 욕망 때문에 시작되었다.
또 내세에 관한 희망과 그 성취도

모두 그것(욕망) 때문에 일어나는 것이다.

권력 투쟁뿐만 아니라 세상의 모든 다툼의 원인을 잘 살펴보면 욕망에서 비롯된 것입니다. 또한 욕망의 근원을 살펴보면 '나', '자기 자신'에 대한 집착입니다. 불교의 근본 교의인 삼법인三法印(一切皆苦, 諸行無常, 諸法無我) 가운데 제법무아에 대해 말씀드리면 이해가 쉬울 것 같습니다.

제법무아의 뜻을 풀이하면 '모든 법이 무아無我'라고 할 수 있는데, 여기서 아我를 '나'라고 오해해서 "멀쩡히 있는 내가 없다는 게 말이 되느냐?"고 질문하는 분들이 많습니다. 여기서 '아'는 개인적인 '나'가 아니라 홀로 존재하는 고유의 실체를 뜻합니다. 불교의 세계관은 "이것이 있으므로 저것이 있고 저것이 있으므로 이것이 있다"라는 인연법으로 보기 때문에 고유의 실체를 인정하지 않습니다. 즉 제법무아는 모든 것은 인연에 의해 이루어진 것이므로 고유의 실체가 없다는 뜻입니다.

제법무아를 제대로 인식한다면 집착할 것도 없고 분에 넘치는 욕망으로 인해 괴로울 일도 없습니다. 권력 투쟁은 물론이고 사소한 다툼도 일어나지 않을 것입니다. 변치 않는 실체로서의 '나', 혹은 '남'이 있다고 생각하기 때문에 욕망도 생기고, 갈등도 일어납니다.

이심전심으로 알아들으면 좋으련만 글로 쓰려니 표현하기가 쉽지 않습니다. 장독대에서 장맛이 익어가듯이 불교 공부도 한순간에 알아차리는 경우도 있지만, 세월이 지나서 알아지는 것도 있습니다. 불교 공부가 익어서 제법무아를 제대로 이해하게 되면 욕망에서 자유로워지고, 일체의 다툼에서 벗어나 늘 평온하게 살아갈 수 있습니다.

모든 집착은 욕구로 인연하여 일어난다

문:
유쾌와 불쾌의 감정은 무엇 때문에 생깁니까?
어떻게 하면 이런 감정들이 생기지 않습니까?
또한 생하고 소멸하는 것의 뜻과
그것이 무엇 때문에 일어나는지 말씀해 주십시오.

답:
유쾌와 불쾌의 감정은
접촉을 인연해서 생긴다.
접촉이 없을 때는 이러한 감정도 일어나지 않는다.
생하고 소멸하는 것 역시 이 접촉으로 인연하여 일어난다.

문:
접촉은 무엇 때문에 일어납니까?

집착은 어디에서 생깁니까?
그리고 무엇이 없을 때 이 집착이 없는가요?
무엇이 소멸했을 때 접촉이 활동하지 않습니까?

답:
명칭과 형태로 인해서 접촉이 일어나고
모든 집착은 욕구로 인연해서 일어난다.
욕구가 없을 때 집착이 없다.
형태가 소멸되었을 때 접촉도 활동하지 않는다.

불교를 마음의 종교라고도 합니다. 불교만큼 마음에 대해 깊이 있게 궁구한 종교를 찾을 수 없습니다. 부처님은 마음을 잘 다스리지 못하면 자기 자신이 고통스러울 뿐만 아니라 세상의 온갖 고통의 원인이 된다는 것을 아셨기 때문에 마음에 대해 세세하게 설하십니다.

우리가 일상생활에서 겪는 모든 마음의 상태, 투쟁심·번민·유쾌·불쾌 등의 모든 감정은 다 마음의 작용입니다. 부처님은 유쾌와 불쾌의 감정은 감각과 외계의 접촉에 의해서 일어나고, 생성과 소멸 역시 감각과 외계의 접촉 때문에 생긴다고 말씀하셨습니다. 보고 듣고 냄새 맡고 맛보고 느끼면서 일으키는 모든 마음은 감각과 외계의 접촉에서 일어나는 것입니다. 우리가 일상 속에서 좋다, 괴롭다, 행복하다, 유쾌하다, 불쾌하다, 짜증난다 하는 모든 것이 다 여기에서 말미암은 것입니다.

그런데 이 모든 것이 변치 않는 실체인가 하면 절대 그렇지 않습니다. 실체로서의 '내'가 없는데 어찌 '내 것'이 있겠습니까? 내 것이라는 아집이 소멸할 때 모든 괴로움의 원인도 따라서 소멸하는 것입니다. 좋다고 호들갑을 떨 것도 없고 나쁘다고 괴로워할 일도 없고 세상 사람들과 다툴 일도 없습니다. 삼법인(일체개고, 제행무상, 제법무아)이 불교의 근본교의인 까닭이 여기에 있습니다. 세상 사람들 모두 삼법인을 체득하여 고통에서 벗어나 니르바나에 이르기를 기원드립니다.

문답, 그 첫째
– 진리를 알고 있는 사람은 논쟁하지 않는다

진리는 하나뿐 둘이 아니다

진리는 하나뿐 둘이 아니다.
진리를 알고 있는 사람은 논쟁하지 않는다.
사람들은 각각 다른 진리를 찬양하고 있다.
그렇기 때문에 모든 수행자들은
동일한 것을 말하지 않는다.

스스로 진리에 이르렀다고 생각하는 사람들이
어찌하여 여러 가지 다른 진리를 내세우는 것일까?
그들은 여러 가지 다른 진리를 다른 사람에게서 들은 것일까?
혹은 또 그들 자기 자신의 사유를 따른 것일까?

이교도들은 일반적으로 이와 같이 말한다.
"이 '나의 교설敎說' 이외의 가르침을 펴는 사람들은
맑음을 거스른 사람, 완전한 사람이 아니다"라고.
그들은 자신의 견해에 빠져 더러움에 젖어 있기 때문이다.

부처님이 사람들이 흔히 갖고 있는 병폐, 특히 이교도들의 아집과 독선에 대해 설하고 있습니다. 부처님 당시에도 수많은 이교도들이 있었습니다. 그들은 자기의 생각만 고집하고, 바른 가르침을 귀담아 듣지 않았습니다. 진리는 하나요, 둘일 수 없는데 자기들의 가르침만이 순수하다고 주장하는 이교도들에게 진리의 가치을 일깨워 주고 있습니다. 부처님은 스스로 진리를 안 사람들이 왜 각기 다른 진리를 말하고 있는지, 진리를 남에게 들은 것인지 의문을 표합니다. 진리는 시공을 초월하여 누구와도 어긋나지 않고 딱 맞아떨어지는 것이기 때문입니다. 부처님이 진리가 아닌 것을 진리라고 주장하면서 오히려 진리를 비방하는 이교도들의 아집과 독선을 경계하는 내용입니다.

사실 종교적 독선이 가장 큰 문제입니다. 종교적 독선은 살인을 하고도, 수많은 사람을 살상하는 전쟁을 일으키면서도 오히려 성전聖戰이라 말합니다. 진리를 알고 있는 사람은 가볍게 다투는 것도 하지 않을진대 어찌 살인을 하고 전쟁을 일으킬 수 있겠습니까?

자기 교설만을 주장하지 마라

자기 교설만을 완전하다 하고,
남의 가르침은 완전함이 없다고 한다.
이러한 주장을 하는 이교도들은
자기 교설에 집착하여 완고히 주장한다.

교설을 결정하는 데 있어서
스스로 생각하고 헤아리면서
자기 자신이 옳다고 여기며
다시 그는 논쟁하기에 이른다.
모든 철학적 단정을 버렸다면
그 사람은 고집을 피우지 않을 것이다.

자기 교설만 굳게 주장하는 사람은 대부분 스스로의 문제를 안고 있는 경우가 많습니다. 실질적으로 증명하거나 합리적으로 설명하지 못하기 때문에 고집스럽게 자기 주장만 밀어붙이는 것입니다. 상대방을 얕잡아보고 자기 자신을 뛰어나다고 생각하는 사람에게는 끝없이 말싸움이 일어납니다. 편견을 버리면 불필요한 마찰을 피할 수 있습니다.

문답, 그 둘째
– 논쟁의 물결을 재우라

논쟁으로 편안함을 얻을 수 없는 이치

자기 견해 속에 있으면서
'이것만이 진리다'라고 논쟁하는 사람들,
그들은 모두 다른 사람으로부터 비난을 받는다.
다만 몇몇 추종자들로부터 찬양을 받을 뿐이다.

아무리 찬양을 받는다 해도 그것은 보잘것없는 것,
영원한 안락을 얻을 수는 없다.
논쟁의 결과는 결국 찬양과 비난, 두 가지라 가르친다.
이런 이치를 잘 알아서
그대들은 이 도리를 보더라도
논쟁이 없는 경지(無論爭)를 안온한 것으로 알고

결단코 논쟁하지 말라.

혹독한 고행 체험과 또는 본 것,
배운 것, 생각한 것으로 인해서
소리 높여 맑음을 찬미하는 사람은
변천하는 여러 생존에 대한
망령된 집착에서 벗어날 수 없다.

바라고 구하는 사람은 욕망이 있다.
계략이 있을 때는 두려움이 있다.
이 세상에서 생명도 없고 죽음도 없는 자
그가 무엇을 두려워할 것인가.
무엇을 바라고 구할 것인가.

자신만의 견해를 고집하면서 "이것만이 진리다"라고 주장하는 사람들은 모두 다른 사람에게 비난을 받기 쉬우며, 그를 따르는 일부 사람들만 그의 견해에 수긍하기 마련입니다. 부처님은 논쟁의 결과는 칭찬 아니면 비난일 뿐이니 어떠한 경우에도 말싸움을 하지 말라고 합니다.

잘못된 견해인 줄 알면서도 바로잡지 않으면 여기에 편승하려는 사람들이 일을 망친다는 것을 알면서도 논쟁하지 말라고 강조하신 것은 논쟁이 진정한 수행자의 자세가 아니기 때문입니다.

또한 하루하루 죽음으로 향하고 있는데 허망한 논쟁 따위로 허비할 시간이 없습니다. "변천하는 여러 생존에 대한 망령된 집착에서 벗어날 수 없다"고 하셨습니다. 부처님은 삶과 죽음에 구속당하지 않는 분이셨기에 두려움도 없고, 바라는 것도 없고, 논쟁의 가치 없음을 아신 분입니다. 그래서 제자들에게도 논쟁하지 말고 생사 문제를 해결하여 길이 편안하기를 독려하신 것입니다.

진정한 수행자는 어떤 견해에도 끌려가지 않는다

진정한 수행자는 남에게 끌려가지 않는다.
또 모든 가르침에 대해 단정斷定하고 고집하지 않는다.
그렇기 때문에 모든 논쟁을 초월해 있으며
남의 가르침을 가장 뛰어난 것으로 생각하지도 않는다.

'나는 안다. 나는 본다. 이것은 사실이다'라는 견해로 인해
어떤 사람들은 맑은 진리를 이해하고 있다.
그러나 그가 아무리 알고 보았다 하더라도
그것이 그 자신에게 무슨 소용이 있겠는가.

진정한 수행자는 바른 것을 알고

망상 분별을 일으키지 않는다.
어떤 견해에도 흘러가지 않고
지식에도 끌려가지 않는다.
다른 사람들은 다 거기에 집착하고 있지만
범속한 모든 견해를 알고 마음에 두지 않는다.

보고 배우고 생각한 어떤 일에 대해서도
현자는 절대로 모든 사물에 대해 맞서지(敵對) 않는다.
그는 짐을 벗어 버려 해방되었다.
그는 계략을 꾸미지 않고,
쾌락에 빠지지 않으며
아무것도 구하지 않는다.

"진정한 수행자는 남에게 끌려가지 않는다"고 하셨습니다. 다른 사람의 칭찬과 비난에 흔들리지 않고 바른 판단을 할 수 있다는 말씀입니다. 진정한 수행자는 함부로 남을 판단하지도 않고, 고집하지도 않고, 남의 견해에 휘둘리지 않습니다.

불교는 실천의 종교, 수행의 종교라는 것이 이 구절에서도 분명히 드러납니다. '나는 알았다. 나는 이렇게 봤다'고 확신하는 사람들을 맹목적으로 추종하는 사람들에게 "그가 그렇게 본 것이 그대 자신에게 무슨 보탬이 된단 말인가"라고 일침을 가합니다.

관념의 짐을 벗어버리고 수행을 통해 스스로 진리를 깨치면 더 이상 시간에 예속되지 않으며 죽음의 고통에서 벗어날 수 있다는 것, 아무 것도 바라지 않는 니르바나의 경지에 이를 수 있다는 것을 거듭 강조하고 있습니다.

빠름

자기 자신이 뛰어나다고 망상하지 마라

문 :
수행자는 어떻게 해야 세상 사물에 집착하지 않고
궁극적인 평안을 이룰 수 있습니까?

답 :
'나는 있다'고 생각하는 부당한 의식,
그 근본이 되는 것을 모두 없애 버리고,
마음속에 있는 모든 망령된 집념까지도 누르고,
늘 마음에 새겨서 배우시오.

안팎으로 참된 진리를 알아야 한다.

그러나 그것으로 인해 교만한 마음을 일으키지 말라.
진리에 이른 사람들은
'그것이 궁극적인 평안'이라고 가르치지 않는다.

자기가 다른 사람보다 뛰어나다거나 뒤떨어졌다거나,
또는 다른 사람과 같다고 생각하지 말라.
사람들로부터 여러 가지 질문을 받아도
자기 자신이 뛰어나다고 망상하지 말라.

어떻게 해야 모든 번뇌에서 벗어나 최고의 높은 경지인 니르바나 언덕으로 갈 수 있는지 여쭙자, 부처님이 여러 가지 주의를 주는 내용입니다. 집착, 교만, 헛된 우월감, 쓸데없는 비탄, 거짓말, 게으름, 겉치레, 눈과 귀와 코 같은 감각의 유혹을 제어하는 것 등등에 대해 자상하게 설명하고 있습니다. 거만하지 말라, 남과 비교하지 마라, 굳이 자신을 돋보이려고 애쓰지 말라는 평이한 말씀입니다.

이러한 마음가짐은 진리를 알고 있는 사람의 덕이기도 합니다. 마음의 고요와 평정을 잃어버릴 때 거만해지고, 비교하고, 자신을 내세우게 됩니다. 오늘날, 그 어느 때보다 치열한 경쟁사회에서 성공하기 위해 정신없이 뛰어가고 있는 사람들에게 알려주고 싶은 말씀입니다. 허망한 경쟁과 승부욕 같은 인간세의 속성에 빠져들면 빠져들수록 괴로움만 배가됩니다. 세상이 아무리 욕망을 부추기고 경쟁을 부추긴다 해도 경계해야 할 일입니다. 남을 딛고 일어서는 것이 아니라 함께 손잡고 나아가야 합니다. 상생할 줄 알고, 남을 자기 자신처럼 생각하고 위해 줄 때 진정한 성공을 이룰 수 있습니다.

깊은 바닷속에서는 파도가 일지 않는 것처럼

수행자는 마음이 평안해야 한다.
밖에서 고요함(靜)과 평온함(穩)을 찾지 말라.
내적으로 평안해진 사람은 고집하지 않는다.
어찌 버릴 것이 있겠는가?

깊은 바닷속에서는 파도가 일지 않고
고요히 잔잔한 것처럼
고요히 멈춰 움직이지 말라.
수행자는 어떤 일에나
욕망을 일으켜서는 안 된다.

"밖에서 찾지 말라"는 것은 보조 국사普照國師(1158~1210)도 항상 강조한 말씀입니다. 자신에게서 문제를 구하지 않고 다른 사람이나 밖에서 찾는 사람은 영원히 답을 구하지 못합니다.

오직 스스로에게서 답을 찾는 것이 불자의 바른 자세임을 명심해야 합니다.

깊은 바닷속의 흔들리지 않는 물결처럼 욕망의 잔파도를 일으키지 말고 마음의 평정을 길러야 합니다. 우리의 삶, 우리 마음자리를 가만히 생각해 보면 잠시도 가만히 있지 못합니다. 심리학자들의 연구결과에 의하면 보통사람들이 1분에 평균 42가지, 1시간에 2,500가지의 생각을 한다고 합니다. 그런데 문제는 대부분 부정적인 생각을 하는 데 있습니다. 고요히 정定에 들어 욕망의 잔파도를 일으키지 않을 때 니르바나에도 들 수 있습니다. 물론 현실생활 또한 성공적인 삶으로 일굴 수 있습니다.

자녀들에게 공부하라고 잔소리 하지 말고, 마음을 편안하게 할 수 있도록 배려하면, 놀라울 정도의 성과를 볼 수 있습니다. 하루에 10분씩 참선을 한 아이들의 생활태도가 좋아지고 학업성적이 눈에 띄게 올랐다는 연구 결과도 이를 증명하고 있는데, 실천해 보면 좋겠습니다.

내 것이라고 고집하지 마라

문 :
눈이 뜨인 분이시여, 스스로 체험한 법,
이 모든 위험과 어려움의 극복을 가르쳐 주십시오.

원컨대 바른 길을 가르쳐 주십시오.
계율 규정과 정신 안정법에 대해 가르쳐 주십시오.

답 :
눈으로 본 것을 탐내지 마라.
저속한 말에 귀를 기울이지 마라.
맛에 빠져서는 안 된다.
세상의 어떤 일도
내 것이라고 고집하지 마라.

고통스러운 일이 있더라도
수행자는 절대로 슬피 한탄하지 마라.
생존을 탐내지 말고
무섭고 두려운 것을 만나더라도 떨지 마라.

먹을 것이나 마실 것, 굳은 음식이나 옷을 얻더라도
너무 많이 쌓아 두지 마라.
또한 이것들을 얻을 수 없다 해서
걱정해서도 안 된다.

늘 마음을 안정시키고, 당황하지 마라.
후회하지 말고 게으르지 마라.

수행자는 한가하고 고요히
명상할 수 있는 곳에 살아야 한다.

🍃　바른 길, 계율 규정과 정신 안정법에 대한 질문에 대해 "눈으로 본 것을 탐내지 마라. 저속한 말에 귀를 기울이지 마라. 맛에 빠져서는 안 된다. 세상의 어떤 일도 내 것이라고 고집하지 마라"고 하셨습니다. 진리는 결코 거창한 데 있지 않습니다. 진실한 마음, 그리고 삶을 사랑하는 청정한 마음이 세상을 초월한 진리의 길로 인도합니다. 진리는 우리가 아는 길에도 있고 모르는 곳에도 있습니다.

　까비르는 "벙어리의 표정은 벙어리만이 안다. 현자의 기쁨은 현자만이 안다"라고 하였습니다. 눈뜬 사람은 진리를 압니다. 진리는 우리 삶, 순간순간의 마음을 잘 쓰는 데 있습니다. 부처님은 음식이나 의복을 비축하는 것도 경계하셨고, 이것들을 소유하지 못했다 해서 지나치게 걱정하지 말라고 하셨습니다. 물질에 집착하지 않는 무소유의 삶을 권장하셨고, 한적한 곳에 머물러 명상하라 하셨습니다.

언제나 깨어 있으라

잠을 너무 많이 자지 마라.

매사에 최선을 다하라.
언제나 깨어 있으라.
게으름과 거짓, 담소와 유희를 버리고,
이성과의 교제, 겉치레를 버려라.

수행자는 비난을 받아도 애태우지 않고
찬탄을 받아도 으스대지 않는다.
탐욕과 인색과 분노를 멀리하며
민망한 욕설을 하지 않아야 한다.

수행자는 장사를 해서는 안 된다.
남들을 결코 비난하지 말라.
동네사람들과 가까이 교제하지 마라.
이익을 위해서 말을 걸어서는 안 된다.

『숫타니파타』의 내용은 쉽고 아름답습니다. 부처님이 어떤 마음으로 이 말씀을 하셨는지 당시 상황이 그림처럼 그려집니다.

수면욕은 식욕과 더불어 인간의 원초적인 욕망입니다. 하지만 진리의 길을 가려면 먼저 수면욕에서 벗어나야 합니다. 그래서 스님들은 대부분의 사람들이 잠들어 있는 새벽에 일찍 일어나서 하루를 시작합니다. 또한 이것은 온전히 육체적인 잠에서 깨어난 것만을 뜻하지는 않습니다. 정신이 깨어 있어야 합니다. 불교에서는 성성적적惺惺寂寂 공적영지空寂靈知라는 표현을 씁니다. 생각은 고요히 내려놓되 의식은 또렷이 깨어 있는 성성적적의 상태가 되면 공적영지의 반야지혜가 드러납니다.

자기 자신을 정복한 자가 진정한 승리자다

거짓말을 하지 마라.
매사 조심해서 속이지 않아야 한다.
또한 생활이나 지혜, 도덕이나 계율에 관해서
자신이 다른 사람들보다 뛰어나다고 생각해서는 안 된다.

집을 떠난 수행자는 사람들에게 부끄러운 일을 당하고
온갖 불쾌한 말을 듣더라도
거칠게 대답해서는 안 된다.
진정한 수행자는 적을 대하는 것 같은
대답은 결코 하지 않기 때문이다.

수행자는 이러한 이법理法을 명심해서
언제나 조심하여 배워야 한다.
모든 번뇌가 소멸된 상태가 '평안'임을 알고,

고타마의 가르침에 게을리하지 말아야 한다.

그는 다른 사람을 이긴 승자가 아니라
자기 자신을 이긴 자기 자신의 승리자다.
그는 다른 사람에게서 전해들은 것이 아니라
스스로 증명하는 이법을 본 것이다.
그렇기에 언제나 스승(부처님)의 가르침에
게으르지 말고 항상 예배하고 따르며 배워야 한다.

『능엄경』에 "심능전물心能轉物", '마음이 능히 물건을 굴린다'고 했습니다. 불교에서는 누구나 본래의 마음자리가 있어서 이것을 터득하면 부처의 길이라고 합니다. 그 본래의 땅에서는 마음이 주인이기 때문에 깨달은 사람은 갖가지 묘한 작용을 일으켜 세상의 주인이 되지만, 그렇지 못하면 자기 것을 가지고도 구걸하며 살아가는 비참한 노예로 살아야 합니다.

마음이 사물을 작용시키는 주인이 되려면 먼저 스스로를 잘 제어할 줄 알아야 합니다. 잘 제어하려면 마음을 항상 챙겨서 살펴야 하고 그것을 지키고 실천하는 용기가 있어야 합니다. 진리는 용기 있는 길입니다. "그는 다른 사람을 이긴 승자가 아니라 자기 자신을 이긴 자기 자신의 승리자다"라고 말씀하셨습니다. 우리는 모두 자기 자신을 정복하여 진정한 승자가 되어야 합니다. 그럴 때 자기 삶의 주인공으로 거룩하고 당당하게 살아갈 수 있습니다.

무기를 들지 마라

두려움이 시작된 까닭

언쟁하는 사람들을 보라.
무기를 잡으면서 공포가 생긴 것이다.
내가 어떻게 해서 그것을 멀리했는지,
그 멀리하는 일에 대해서 말하겠다.

물이 말라 가는 연못 속의 물고기처럼
두려워 떨고 있는 사람들을 보고,
또 서로 반목하고 있는 사람들을 보고,
나는 공포를 느꼈다.

이 세상은 그 어느 곳이나 견실한 데가 없다.

어느 방향이나 다 흔들리고 있다.
나는 내가 의지할 만한 거처를 찾아보았지만
이미 죽음과 고통이 닿지 않는 곳은 보지 못했다.

　　우리는 여기서 부처님의 섬세한 마음, 살아 있는 모든 생명이 조금도 상처받지 않고 살아가기를 염원하는 따뜻한 마음을 읽을 수 있습니다. 무기는 상대를 해치는 가장 극단적인 도구입니다. 작은 칼이나 총알에서부터 전쟁에서 사용되는 전투기, 전함, 심지어 핵무기에 이르기까지 무기를 보면 투쟁심이 생기고 분노를 일으킵니다. 더 무장해야 한다고 마음을 부추깁니다. 오죽하면 어린이에게 장난감 총도 주지 말라고 했겠습니까? 지구상에 있는 모든 무기의 파괴력을 합하면 이 평화로운 행성은 암흑천지가 될 것입니다. 폐허가 되어 어떤 생명체도 살아가지 못하는 지구는 상상만으로도 끔찍합니다.

　　무기를 만들고 자신을 무장하는 것은 상대가 해칠지도 모른다는 서로에 대한 오해와 견제에서 비롯됩니다. 그 마음이 엉뚱한 방향으로 전개되어 인류의 파멸을 위협합니다. 먼저 서로에 대한 미움, 분노라는 괴로움에서 벗어나야 합니다. 사랑과 자비심이 널리 퍼지게 해야 평화가 옵니다.

욕망의 화살을 뽑아 버려라

살아 있는 모든 생명은
마침내 역경에 부딪칠 수밖에 없다.
나는 이것을 보고 불쾌해졌다. 슬퍼졌다.
또 나는 차마 보기 힘든,
번뇌의 화살이 그 생명의 심장 속에
깊이 박혀 있는 것을 보았다.

이 화살을 맞은 사람은
사방으로 날뛰어 돌아다닌다.
화살을 뽑아 버리면 날뛰어 돌아다니지도 않고
침울하게 가라앉지도 않는다.

이 세상을 살아가기 위해 모든 학문을 배운다.
그러나 그로 인해 세상 모든 속박의 굴레에 빠져서는 안 된다.
이 모든 욕망을 깊이 탐구하여
자기 자신의 평안을 배우도록 하라.

생사生死. 나고 죽음이야말로 인간의 근본 번뇌입니다. 번뇌는 크게 이 두 축을 중심으로 하여 전개된다 해도 과언이 아닙니다. 태어났기 때문에 늙는 괴로움, 병드는 괴로움, 구하는 것을 얻지 못하는 괴로움, 사랑하는 사람과 이별하는 괴로움, 미워하는 사람과 만나는 괴로움, 죽는 괴로움 등이 있는 것입니다. 문제의 시작은 생명의 탄생에 있습니다. 그런데 죽음이 아름다운 맺음으로 이어지지 않는 이유는 살아 있는 동안에 벌어졌던 모든 일에 대한 집착 때문입니다. 이 집착이 편안한 죽음을 방해하고 죽음을 두려워하게 만듭니다.

부처님은 누구나 '죽음' 즉, 존재의 소멸에 대해 불안한 마음이 일 수밖에 없다는 것을 아셨습니다. 중생들의 마음속에 죽음이라는 번뇌의 화살이 깊게 박혀 있음을 아셨기 때문에 그 고통에서 벗어나는 법을 팔만사천대장경의 장광설로 일깨워주시기도 하고, 꽃 한 송이 들고 미소 짓는 염화미소의 소식으로도 알려주셨습니다. 그런데 우리는 아직까지도 헤매면서 중생의 삶을 살고 있습니다. 뽑아버리기 어려운 불안, 두려움, 죽음의 화살이 몸속에 깊이 박혀 있기 때문입니다. 이 번뇌가 괴로움을 생산해 내고 무겁게 짓누르고 있습니다. 집 없는 사람처럼 동쪽에서 서쪽으로 사방으로 돌아다니면서 고생하다가 삶을 마감하고 마는 게 대부분의 중생들의 삶입니다.

부처님의 말씀을 따라 욕망을 깊이 탐구하여 자기 자신의 평안을 배우면 행복의 길이 열립니다.

잠과 게으름을 정복하라

수행자는 성실해야 한다.
오만하지 않고 거짓이 없으며
욕설을 하지 않고, 분노하지 않으며
삿된 욕망과 인색함에서 멀리 초월해야 한다.

마음의 평안을 유지하는 사람은
침울한 마음을 이겨내고
게으름에서 벗어나야 한다.
교만에 머물러 있어도 안 된다.

거짓말을 피하고,
아름다운 겉모양에 애착하지 마라.
오만한 마음을 잘 알고,
폭력을 떠나 행동하라.

낡은 것을 지나치게 좋아하지도 말고
새로운 것에 사로잡히지도 말라.
스러져 가는 것을 슬퍼해서도 안 된다.
끌고가는 자(妄執)에게 잡혀서도 안 된다.

나는 그 끌고 가는 자를 탐욕이라 하고,
강대하고 거센 흐름이라 하고
빨아들이는 욕구라고 하며,
계략, 포착이라고 하며,
넘을 수 없는 저 욕망의 진흙탕이라고도 한다.

진정한 수행자는 진실에서 떠나는 일이 없고,
니르바나, 평안의 저 언덕에 서 있다.
그는 모든 것을 버렸으므로 '평안한 사람'이라 한다.

그는 지자知者이며,
그는 베다에 뛰어난 사람이다.
그는 이법理法을 터득해서
어떤 것에도 구애받지 않는다.
그는 세상에서 바르게 행동하며
아무도 부러워하지 않는다.

"수행자는 성실해야 한다"는 말씀을 보면서 스스로를 반조해 봅니다. 나는 성실한가? 게으름을 극복하면 심신의 평온을 얻을 수 있습니다. 게으름을 성실하고 지혜로운 자세로써 이겨내야 합니다.

부처님이 말씀하셨듯이 부처님은 이 세상에서 가장 인간다운 길, 올바른 길을 가셨습니다. 그 누구와도 비교할 수 없는 인간 중의 인간, 스승 중의 스승인 부처님은 결코 뜬구름 잡는 신비한 이야기를 하지 않습니다. 일상생활 속에서 바른 삶을 살라 하셨고, 스스로도 모범적인 삶을 보여주셨습니다.

    성실하고, 거만하지 않고, 거짓 없고, 집착하지 않고, 잠과 게으름을 떨쳐버리고, 거짓에 끌려가지 말고 부지런히 정진하라는 가르침입니다. 삿되고 거짓된 종교를 추종하지 말고 스스로 진리를 아는 자가 되라고 하셨습니다. 진리를 알면 그 어떤 것에도 의지하지 않고 무소의 뿔처럼 홀로 갈 수 있으며 생사의 고통에서 벗어날 수 있기 때문입니다. 이교도들은 다 "나를 따르라!"고 하면서 추종하길 원하는데, 부처님은 스스로 진리를 아는 자가 되라고 합니다. 자력불교自力佛敎의 요소는 타종교와 매우 다른 점이기도 합니다. 물론 바다가 이 강물 저 강물을 다 받아들여서 한 맛을 이루듯이, 바다와 같은 종교인 불교에는 타력불교他力佛敎의 요소도 있습니다. 하지만 타력불교에 머물러서는 진정한 불교도가 아니라는 것을 인식해야 합니다. 불보살님께 의지해서, 그분들의 가르침을 의지해서 수행하여 스스로 부처가 되어 살라는 것이 불교입니다.

    이 세상에서 모든 욕망을 뛰어넘고,
    극복하기 힘든 집착을 끊어 버린 사람은
    떠내려 가지도 않고, 속박 받지도 않으며
    근심 걱정에 빠지지도 않고,

열렬히 사모하는 마음을 태우지도 않는다.

과거에 있었던 번뇌를 말려 버려라.
미래에는 그대에게 아무 것도 없도록 해라.
지금 현재에도 그대가 어떤 일에도 집착하지 않는다면
그는 지극히 평안해지리라.

명칭과 형태에 대해서 '내 것'이라는 욕망이 전혀 없는 사람,
또 무엇인가 가진 것이 없다 하여 비관하지 않는 사람,
그는 참으로 이 세상에서도 영원히 늙지 않으리.

'이것은 내 것이다' 또 '저것은 남의 것이다'
하는 생각이 전혀 없는 사람
그는 이러한 내 것이라는 관념이 없기 때문에
'내게 없다' 해도 결코 비관하지 않으리.

그는 시기하지 않고, 탐내지 않고,
번뇌에 흔들려 고민하지 않으며,
모든 만물에 대해서 평등하다.
두려워하지 않는 사람에 대해 묻는 사람이 있다면
나는 기꺼이 그 아름다운 점에 대해 가르쳐 주리라.

번뇌에 흔들려 고민하지 않고,
예지叡智가 있는 사람은 어떠한 작위作爲도 존재하지 않는다.
그는 애써 짓는 데서 떠나
가는 곳마다 지극한 안온함을 보리라.

성인은 자기 자신이 동등한 사람들 속에 있다고도 하지 않고
자기보다 뒤떨어진 사람들 속에 있다고도 하지 않으며
자기보다 뛰어난 사람들 속에 있다고도 하지 않는다.
평안한 곳에 들어간 그는 인색함을 떠나
그 어떤 것도 취하거나 버리지 않는다.

집에 불이 켜져 있으면 도둑은 주인이 깨어 있다 생각하고 그 집에 들어가 도둑질을 할 생각을 못합니다. 창문을 통해 빛이 새어나오면 아직은 들어갈 때가 아님을 알고 집 주위를 배회하며 불이 꺼지기만을 기다립니다. 불이 꺼지고 나서 한참을 기다린 다음에 도둑은 틈을 봐서 집 안으로 들어갑니다. 방의 어둠과 주인의 잠이 도둑을 초대하는 조건을 만든 것이지요.

부처님은 탐욕과 오만, 잠, 권태, 우울, 게으름, 거짓말 등 일상생활 속에서 자신도 모르는 사이에 저지르는 자잘한 것들이 얼마나 우리의 영혼을 황폐하게 하는지 일깨웁니다.

"과거에 있었던 번뇌를 말려버려라. 미래에는 그대에게 아무 것도 없도록 해라. 지금 현재에도 그대가 어떤 일이나 집착하지 않

는다면 그대는 지극히 평안해지리라"는 말씀을 보면, 부처님은 현대 심리학자들이 연구한 결과들보다 훨씬 더 심층심리학적인 이해를 보입니다. 우리의 괴로움은 대부분 과거의 일에 대한 집착에서 오고, 불안은 미래의 불확실한 상황이 만들어내는 심리입니다. 이러한 사실만 알아도 괴로움에서 벗어날 길이 보입니다.

> 끝없는 파도 속에 들려면 파도를 희롱할 줄 알아야 한다.
> 若人洪波裏 須是弄潮人
>
> —『선문염송』

파도에 휩쓸리는 것이 아니라 파도를 희롱할 줄 알아야 합니다. 이젠 걱정 근심에서 벗어나 세상을 능동적으로 사십시오. 마음 하나만 잘 다스려도 삶의 질이 달라집니다. 게다가 갈고닦은 수행력이 있다면 어떤 난관도 걱정이 없습니다. 정곡을 찌르면 해결이 됩니다. 근심과 걱정은 일의 본질을 모르기 때문에 생겨나지만, 그 핵심을 아는 순간 스르르 녹으며 걱정거리 자체가 사라집니다. 이것은 명상수행에서도 대단히 의미 있는 관찰입니다. 일과 사람을 자기 손 안에 든 구슬처럼 관찰하고 존중하는 마음을 가지면 그 자체의 방어막이 사라지면서 생각한 대로 일이 굴러감을 느낄 것입니다. 장날에 모인 사람들이 해가 저물기도 전에 바삐 돌아가듯이 만물은 이치에 따라 움직이기 마련입니다. 이 이치를 깨달으면 진정한 행복의 문이 열립니다.

제자 사리불의 질문에 답하다

사리불이 사람들을 대신하여 여쭙다

사리불이 여쭈었다 :

나는 아직 본 일도 없고 아무에게서 들은 일도 없습니다.

도솔천 하늘에서 내려오신 만 중생의 어버이이신 부처님,

눈 뜬 사람(佛)은 신들과 세상사람들이 보는 것처럼

모든 암흑을 없애고 홀로 법의 즐거움을 받으셨습니다.

장애 없고 거짓 없고 모범적인 사람으로 오신 스승,

번뇌에 묶인 많은 사람들을 대신하여

눈이 열린 사람(佛)인 당신께 여쭙습니다.

수행자는 세속이 싫어서

사람이 없는 곳이나 나무 밑,

그리고 무덤 근처를 좋아하고
산의 동굴 속에 머물기도 합니다.

또 여러 곳이 있지만,
그곳에 얼마나 무서운 일이 있을 것인가?
수행자는 소리가 들리지 않을 정도로 적막한 곳에 살더라도
두려움에 떨어서는 안 됩니다.

아무도 가보지 않는 곳(니르바나)을 향해 가는 사람에게는
이 세상이 어느 정도 위험이 있을 것입니다.
수행자는 외딴 벽촌에 살더라도
이 모든 위험을 이겨내지 않으면 안 됩니다.

열심히 정진하는 수행자의 말에는 어떠한 힘이 있습니까?
여기서 그는 어디까지 행동할 수 있습니까?
또 그가 지켜야 할 계율과 서약은 어떠한 것이 있습니까?

마음을 안정시켜 바른 생각을 하는 수행자는
어떠한 학문을 몸에 지녀서
자기 마음의 더러움을 다 날려버릴 수 있습니까?
마치 대장장이가 은銀에 묻은 때를 없애버리는 것처럼.

경전은 부처님이 자문자답하는 것도 있지만, 대부분 제자들이 질문하고 부처님이 대답하는 형식으로 구성되어 있습니다. 여기에서는 사리불이 부처님께 여쭙고 있습니다. 사리불은 부처님의 제자 중에서도 가장 지혜로운 분인지라 이미 진리의 길을 다 알고 있지만 사람들을 대신해서 질문을 합니다.

당시 수행자들의 거처가 적막한 곳에 위치해 있다는 것을 알 수 있습니다. 사리불은 "아무도 가보지 않은 곳(니르바나)을 향해 가는 사람에게는 이 세상이 어느 정도 위험이 있을 것입니다. 수행자는 외딴 벽촌에 살더라도 이 모든 위험을 이겨내지 않으면 안 됩니다"라고 말하면서 어떤 말, 어떤 행동을 해야 하는지, 어떻게 해야 마음의 먼지를 털어낼 수 있는지 여쭙고 있습니다. 사리불의 질문에서도 잘 알 수 있듯이 부처님의 제자들은 매우 인간적이었고, 진지하게 진리의 길을 가고자 했습니다. 실제로 현명하고 생각이 깊은 수행자들이었습니다.

이교도들을 두려워하지 마라

스승의 답 :
이교도들을 두려워하지 마라.
그들에게 여러 가지 무서운 일이 있다는 것을 보더라도
수행자는 오직 선善만을 추구하면서

이 모든 위험을 이겨내야 한다.

병이 들고 굶주림을 당하더라도,
추위나 더위를 견뎌내야 한다.
집 없는 수행자는 아무리 그들이 사방에서 습격해 오더라도
용기를 가지고 굳세게 나아가야 한다.

도둑질을 하지 마라.
거짓말을 하지 마라.
약한 것이나 강한 것이나
살아 있는 생명에 대하여
자비로운 마음으로 대해야 한다.
마음의 혼란을 느끼거든
악마의 짓이라 알고 없애버려야 한다.

경전에는 이교도들에 대한 이야기가 많이 나옵니다. 특히 『장아함』은 이교도들에 대한 이야기가 자세하게 설해져 있습니다. 불교는 역사상 다른 종교와 대화를 많이 나누면서 서로를 이해하려 했던 열린 종교의 면모를 보입니다. 요즘 우리나라에도 종교적인 대립이 사회문제가 되는 상황에서 부처님 당시의 대화 전통을 되살린다면 좋을 것 같습니다.

어쨌든 부처님이 이교도들을 두려워하지 말라고 한 것을 보

면 그 당시 이교도들의 세력이 대단했던가 봅니다. 하지만 이교도들이 부처님, 또는 부처님의 제자들과 허심탄회하게 진리에 대해 대화하다가 바로 그 자리에서 부처님의 제자가 된 이들이 아주 많습니다. 1,000명의 제자들을 이끌고 부처님의 제자가 된 카사파 3형제도 그렇고, 사리불과 목건련도 마찬가지입니다.

그 당시 부처님과 외도들이 나눈 대화를 보면 흥미진진합니다. 부처님께서 외도들을 세 가지로 나눈 삼종외도설에 그 당시 인도사상계에 난립하고 있었던 외도들의 견해가 다 들어 있다 해도 과언이 아닙니다. 좀 더 살펴보면 다음과 같습니다.

첫째, 세상의 모든 일은 하느님(尊祐)과 같은 절대자가 만든 것이라는 존우화작인설尊祐化作因說인데, 유일신이 세상을 창조했다는 모든 종교가 여기에 해당합니다. 부처님께서는 "모든 것을 유일신이 창조하고 지배하는 것이라면 사람이 지은 악도 유일신이 창조한 것이냐, 만일 사람의 선행과 악행이 유일신의 뜻이라면 악행에 대한 책임도 유일신이 부담해야 하는 것이 된다"고 지적하셨습니다. 또한 "사람이 잘사는 것도 못 사는 것도 유일신이 뜻으로 결정된다면 사람들이 자발적으로 노력할 필요가 없지 않느냐?"고 반문합니다.

둘째, 모든 인간의 길흉화복은 과거에 지은 업으로 지어졌다는 숙작인설宿作因說인데, 이것도 마찬가지입니다. 만일 사람이 악업을 지은 것이 과거에 지은 업에 의해서 악업을 짓게 이미 결정된 것이라고 하면 일체가 피할 수 없는 숙명론에 빠지게 된다는 지적입니다. 매사에 애써 노력할 필요가 없어지기 때문입니다.

셋째, 모든 것은 그냥 우연하게 일어나는 것이라는 무인무연설無因無緣說인데, 모든 것이 우연히 일어나는 것이라면 악행도 우연히 일어난 것일 테고, 그렇다면 악행을 저지른 사람에게 책임을 물을 수도 없고, 노력할 필요도 없지 않겠느냐는 말씀입니다.

불교에서는 말보다는 실천을 중요시 합니다. "약한 것이나 강한 것이나 살아 있는 생명에 대하여 자비로운 마음으로 대해야 한다"라는 말씀에서도 부처님이 우리에게 무엇을 원하셨는지 잘 알 수 있습니다.

무엇을 먹을까? 어디서 자야 하는가?

분노와 교만에 지배받지 말고
이런 것들의 뿌리를 뽑아 버려라.
유쾌한 것이나 불쾌한 것이나
이 두 가지를 다 극복해야 한다.

지혜를 가장 소중히 여기고 선을 즐겨서
이러한 위험을 이겨내야 한다.
외진 곳, 깊숙한 땅에서 자는 불쾌함을 견뎌야 한다.
그리고 다음의 네 가지 근심으로 이끄는 생각을 견디어라.

"나는 무엇을 먹을 것인가?
나는 어디서 먹을 것인가?
나는 어젯밤에 편안히 잠을 자지 못했다.
오늘밤은 어디서 잘 것인가?"
집을 버리고 도를 닦는 수행자는
이 네 가지 근심으로 이끄는 생각을 억제해야 한다.

적당한 때에 음식과 옷을 얻고
적당한 양을 알고 세상에서 얻은 것으로 만족하라.
옷과 음식에 대해 욕심을 내지 않는다.
마을을 지날 때는 조심해서 다닐 것이며,
비난을 받더라도 거친 말을 해서는 안 된다.

노여움과 오만, 유쾌와 불쾌를 극복하고 지혜를 제일 중요시하고 의식주를 걱정하지 말라고 했는데, 사실 가볍게 넘길 말은 아닙니다. 사람이 살아가면서 가장 큰 근심 걱정은 대략 이 네 가지 범주 안에 듭니다. 인간뿐만이 아닙니다. 동물, 곤충, 식물 등 모든 생명들은 먹고 자기 위해 몸부림치면서 살아가고 있습니다.

진리를 배우기 위해 집을 나선 사람은 이러한 것을 극복해야 한다는 말씀입니다. 부처님 당시에는 출가 수행자들에게 "한 나무 밑에서 한 밤을 묵되, 절대 이틀을 머물지 말라"고 하였습니다. 고작 한 그루 나무 밑에 불과한데도 애착과 탐욕이 생길 것을 염려하여 설하신 것을 보면 얼마나 집착을 경계하였는지 알 수 있습니다.

인도 성지순례를 할 때 불편했던 두 가지 기억이 있습니다. 이국의 낯선 여행자에게 배고픔과 잠자리는 정말 골칫거리였습니다. 저는 비위가 약해서 하루 세 번의 끼니를 때우는 일이 여간 괴로운 게 아니었습니다.

그리고 가난한 여행자에게 잠자리도 문제였습니다. 허름한 게스트하우스는 벽지도 안 바른 시멘트벽, 때에 찌든 매트리스 한 장, 시트는 덮을 수도 없습니다. 하루 밤 자고 나면 온 몸에 벌레가 기어 다니는 것 같은 불쾌한 느낌 때문에 정신이 다 혼미할 지경이 되곤 했습니다. 하물며 땅 바닥에서 생활했던 부처님 당시의 수행 생활은 얼마나 불편했을까 생각해 보면 마음이 여간 편치 않았습니다. 제자들에게 부처님이 일러주신 말씀은 어떤 불편도 참으라는 것이었습니다. 극단적인 고행과 쾌락에 빠지지 말고 중도법을 설하신 부처님이 왜 먹고 자는 것에 대해서는 고행에 가깝게 살아가기를 원하셨을까요?

저는 인도 성지순례를 하면서 조금은 알 것 같았습니다. 지금도 인도의 하층민은 도저히 사람이 살 수 없을 정도로 열악한 상황에서 살고 있는데, 철저한 계급사회였던 2,500여 년 전의 인도 민중은 오죽했겠습니까? 그렇듯 고달프게 살아가는 민중들의 모습을 마주하면서 수행자들이 차마 안락한 생활을 누릴 수 없었을 것입니다. 스님들이 입는 가사도 화장터에서 시체를 감쌌던 버려진 옷감을 빨아서 만들어 입었습니다. 먹고 자는, 인간의 근본적인 욕망을 기쁘게 극복하는 것이 수행의 좋은 결실로 이어지기에 부처님은 이 점에 대해서도 말씀하신 것입니다.

승가공동체에서 지켜야 할 덕목

눈은 아래를 보면서 걸어 다니고,
더듬거리지 말고 심사숙고하라.
언제나 분명히 깨어 있어야 한다.
마음을 고요히 해서 안정시키고
지나간 일에 대해 생각과 욕망과 회한을 끊으라.

다른 사람에게 충고를 들었을 때 반성하고 감사하라.
늘 좋은 말을 하고,
때에 맞지 않는 말은 하지 말라.
함께 수행하는 사람에 대해 거친 마음을 내지 말고,
남을 비방하는 생각은 절대 하지 말라.

세상에는 다섯 가지 티끌이 있으니
주의 깊게 이것들을 제어하라.
형상, 소리, 맛, 냄새, 감촉.
이것들에 대한 탐욕貪慾을 이겨내야 한다.

수행자는 이것들에 대해 욕심을 제어하고,
깊이 조심해서 마음을 해탈하고,
적당한 때에 법을 바르게 고찰하여
정신을 통일해서 암흑을 없애라.

이 장에서는 수행자들이 어떻게 생각하고 행동해야 하는지 설하고 계십니다. "아래만을 보면서 갈 것이요"라는 말은 눈을 아래로 두어 주위를 두리번거리면서 번뇌를 일으키지 말라는 말씀입니다. "동료의 충고에 감사하고, 자기주장만 앞세우지 말고 감정을 다치게 말하지 마라"는 말씀은 승가공동체에서 반드시 지켜지고 존중되어야 할 덕목입니다. 남을 향한 쓸데없는 비방과 절제되지 않은 행동은 공동체의 안녕을 위협하는 요소가 되므로 역시 주의해야 합니다.

얼마 전 BBC 다큐멘터리 'The Face(얼굴 4부작)'를 봤습니다. 사람의 표정은 개인의 감정 표현을 넘어 남과 소통하는 대화의 첫걸음입니다. 이 영상물을 통해 미소 짓는 밝은 얼굴이 인생을 어떻게 달라지게 하는지에 대해 알 수 있었습니다. 그래서 경전강의와 일요법회 시간에 신도님들에게 보여 드렸습니다. 인생은 거창한 데서 결정된다기보다 말하고 듣고 표정 짓는 사소한 데서 달라진다는 것을 알려주고 싶었기 때문입니다.

달라이라마는 "친절이 나의 종교"라는 말씀을 하신 적이 있습니다. 실제로 달라이라마는 생활속에서 친절이라는 종교적 자세를 실천하고 있습니다. 기꺼이 당신의 몸을 굽혀 제자들을 축복해 주는 모습이 정말 감동적입니다. 최근 우리 절 미술관에서 개최된 티베트 사진전에 걸린 여러 사진 중에서 가장 인상적인 것이 달라이라마가 어린 사미승에게 축복의 하얀 실크 천을 목에 둘러주고 뺨에 얼굴을 맞대는 자애로운 장면이었습니다.

한국불교가 발전하려면 이런 모습에서 교훈을 얻어야 합니다. 불제자 한 사람 한 사람이 기품 있고 예의바르고 친절한 종교인으로 살아갔으면 합니다. 말이 아닌 행동으로 옮겨질 때 자비의 싹이 대지에 뿌리를 내립니다.

> 평화를 외치는 것만으론 충분하지 않다.
> 평화롭게 행동하고
> 평화롭게 살고
> 평화롭게 생각해야 한다.
>
> ─「인디언 셰난도어 족의 노래」

5. 피안彼岸의 장

서 시

행복의 씨앗을 퍼뜨려라

베다에 통달한 브라만 바바리는
무소유의 경지에 이르기 위해
코살라국의 아름다운 수도 사위성을 떠나
남쪽 나라로 내려왔다.

그는 앗사카와 아라카 두 나라의 중간 지역을 흐르는
고다바리 강변에 살고 있었다.
이삭을 줍고 나무 열매를 먹으면서….

바바리:
저 베다 속에 서른두 가지 완전한 위인의 상(相)이 전해진다.

몸에 이러한 서른두 가지 위인의 상이 있는 사람에게는
두 가지 길이 있을 뿐, 세 번째 길은 있을 수 없다.

만일 그가 집에 머문다면 이 대지를 정복할 것이다.
그는 형벌에 의지하거나 무기에 의지하지 않고
바른 법으로 다스릴 것이다.

그가 만일 집을 나와 집 없는 수행자가 된다면
덮여진 것을 벗기고 눈이 열린 사람(부처)이 되어
모든 사람들의 존경을 받게 될 것이다.

「피안의 장」 서시序詩는 바바리라는 베다에 통달한 브라만이 한적한 마을에서 평화롭게 지내고 있는데, 낯선 수행자가 와서 오백 냥의 황금을 요구하는 것으로 시작합니다. 바바리가 들어주지 않자 그가 저주를 퍼부어 바바리는 두려움에 사로잡히게 됩니다. 바바리는 저주의 두려움에서 벗어나기 위해 지혜의 눈을 가진 스승을 찾아야겠다고 생각했습니다.

고뇌하는 바바리를 보고 그의 초암을 보호하는 여신이 부처님에 대한 이야기를 합니다. 여신의 말을 듣고 몹시 기뻐하며 바바리가 제자들에게 진리에 눈뜨신 부처님을 식별하는 법에 대해 얘기해 주는 것이 위의 내용입니다.

서른두 가지 성자의 특성이 있는 사람은 전륜성왕이 되면 바른 법으로 다스릴 것이요, 수행자가 된다면 모든 사람의 존경을 받는 부처가 될 것이라는 내용을 보니 2009년 1월 「영국의학저널」에 실린 연구 결과가 생각납니다.

행복한 개인의 영향력에 대한 조사인데, 개인의 행복은 옆집의 행복에 34% 영향을 미치고, 친구가 1킬로미터 이내에 있다면 행복해질 가능성이 25% 높아진다고 합니다. 또 누군가로부터 전염된 행복의 영향은 1년까지 지속된다고 합니다. 전륜성왕과 부처님만이 아니라 우리의 행복, 우리의 자비심, 우리의 수행력이 세상에 좋은 영향을 미칩니다.

모두 기쁨 있으라

목마른 사람이 냉수를 찾는 것처럼
장사꾼이 큰 이익을 구하는 것처럼
뜨거운 더위에 허덕이는 사람이 나무그늘을 찾는 것처럼
그들은 서둘러 거룩하신 스승(佛)이 계시는 산으로 올라갔다.

거룩하신 스승은 마침 그때 제자들에게
사자가 숲속에서 포효를 하는 것처럼
수행자들에게 바른 법을 가르치고 있었다.

빛나는 저 태양과 같이 둥그런 보름달같이
눈이 열리신 분(佛)을 아지타는 보았다.

그때 아지타는 스승(부처님)의 몸에
원만한 형상이 두루 갖춰져 있음을 보고 기뻐하며
그 옆에 서서 마음속으로 부처님에게 물었다.

"우리 스승 바바리의 나이를 말해 주십시오.
그리고 그의 성(姓)과 모습을 말해 주십시오.
베다의 진리에 통달했는가를 말해 주십시오.
그는 몇 사람의 제자를 가르치고 있는지요?"

스승:
그의 나이는 120세요, 그의 성은 바바리다.
그의 몸에는 세 가지 특별한 모습이 있다.
그는 베다의 세 가지 깊은 뜻에 통달했다.

바라문 바바리는 그의 제자들과 함께
길이 편안할지어다. 영원히 장수를 누리라.

바바리도 그대들도 모든 의문이 해소되었다.
묻고 싶은 것이 있다면 무엇이든 물어보라.

바바리는 그의 제자들에게 사위성으로 가서 눈뜨신 분을 뵙고 오라고 했습니다. 그리고는 제자들에게 "말은 하지 않고 오직 마음속으로 물어보라"고 했습니다. 부처님의 신통력을 시험해 보겠다는 심산이었지요. 부처님은 그가 품고 있는 생각을 정확히 말해 줌으로써 마침내 바바리와 그의 제자들의 귀의를 받게 되는 게 이 장의 줄거리입니다.

"바라문 바바리는 그의 제자들과 함께 길이 편안할지어다. 영원히 장수를 누리라" 하고 축복해 주시는 모습에서 부처님의 인간적인 면모를 읽게 됩니다. 그리고 무슨 질문이든지 마음껏 하도록 마음을 열어 보이시는 모습을 뵈면 성현 중에 가장 위없는 성현이고 스승 중의 스승임을 알 수 있습니다. 스승에 대해 노래한 까비르의 시가 제 구구한 해설보다 나을 것 같아 옮겨봅니다.

스승은 나로 하여금 미지의 세계를 알게 했네.
발 없이 걷는 법을, 눈 없이 보는 법을
귀 없이 듣는 법을, 입 없이 먹는 법을
그리고 날개 없이 나는 법을
스승은 나에게 가르쳤네.

해도 없고 달도 없는 곳
그리고 밤도 없고 낮마저 없는 곳에서
내 사랑과 명상은 시작되었네.

마시지 않고도 능히 넥타의 진수를 맛보았고
물이 없으나 내 갈증은 이미 풀렸네.
거기 기쁨의 응답만 있을 뿐, 환희의 충만이 있을 뿐
뉘 이를 말로 다 표현할 수 있단 말인가.
까비르는 말한다.
"스승은 위대하네, 스승은 이미 언어의 차원을 넘어갔네.
위대하여라 스승이여, 이것이 제자의 기쁨이네."

-까비르의 시

진리에 눈뜨지 못한 제자는 아직 진리의 세계를 모릅니다. 신통력도 없습니다. 오직 스승이 이끄는 대로 보고 듣고 말할 수 있을 뿐입니다. 그 믿음과 힘이 너무 광대하여 어느 날, 제자는 스승이 가진 능력을 맛보게 되었습니다. 기쁨의 응답, 환희의 충만이 바로 그 세계의 느낌입니다. 이미 이 세계의 차원을 넘어 저 세계로 훌쩍 넘어가버린 스승의 세계가 제자의 기쁨이 되기도 합니다. 바라문 바바리와 그의 제자들은 부처님을 뵙고 마음의 문이 열렸습니다. 그들은 부처님의 찬란한 꽃을 본 순간 이미 자신의 모든 것이 스승의 향기로 물들어 넘쳐나는 것을 느꼈습니다. 이제 그들은 본격적으로 부처님에게 의문 나는 것을 묻기 시작합니다.

아지타의 질문에
답하시다

아지타 :
세상은 무엇으로 가려져 있습니까?
세상은 무엇 때문에 빛나지 않습니까?
세상을 더럽히는 것은 무엇입니까?
세상에서 가장 큰 두려움은 무엇입니까?

스승 :
아지타여, 이 세상은 근본 무지로 인해 가려져 있다.
세상은 탐욕과 게으름으로 인해서 빛을 내지 못하고 있다.
세상을 더럽히는 것은 욕망이요,
고뇌가 세상에서 가장 큰 두려움이다.

아지타:

번뇌의 흐름은 사방으로 흐르고 있습니다.
이 흐름을 막을 수 있는 것은 무엇입니까?
이 흐름을 막고 보호할 수 있는 것은 무엇입니까?
이 흐름은 무엇으로 인해서 차단할 수 있습니까?

스승:
아지타여, 세상에 있는 모든 번뇌의 흐름을 막는 것은
'조심하는 일'이요, 조심함으로써
번뇌의 흐름을 막고 보호할 수 있다.
또한 이 흐름은 지혜로 인해서 차단될 것이다.

아지타가 부처님께 여쭙고 있습니다. 세상은 무엇으로 가려져 있기에 빛이 나지 않는지, 세상에서 가장 큰 두려움은 무엇인지, 그리고 번뇌의 흐름을 어떻게 끊을 것인지 등에 대해 질문하고 있습니다.

이에 대해 부처님은 무지, 탐욕, 게으름, 고뇌, 욕망 이 모든 것을 지혜로 차단할 수 있다고 확실히 말씀하고 있습니다. '무지'는 불교용어로는 무명無明이라 표현하는데, 밝음이 없는 상태, 반야지혜를 깨닫지 못하는 중생의 근본번뇌를 뜻합니다. 또한 게으름은 정말 큰 병입니다. 게으른 사람을 일으켜 세우는 건 단순히 기둥 하나를 세우는 것 정도가 아닙니다. 그의 마음이 움직이지 않는 이상 결코 변화를 일으킬 수 없습니다. 이런 사람은 좀처럼 자극을 받지 않으려 하기 때문에 더더욱 그렇습니다. 탐욕도 문제고 게으름도 문제입니다. 게으름이 또 다른 탐욕임을 알아야 합니다. 게으름을 떨쳐버려야 수행을 할 수 있습니다. 오죽하면 부처님이 열반에 드시기 직전에도 게으르지 말고 정진하라고 했겠습니까.

또한 번뇌의 흐름을 막기 위해서는 '조심하라'고 하셨습니다. 매사 조심하는 자세가 몸에 배면 잘못을 저지를 확률이 적을 수밖에 없습니다. 사람을 일깨워 주는 일은 그리 간단한 문제가 아닌데 부처님은 이렇듯 자상하게 하나부터 열까지 대답해 주셨습니다. 공자가 자신의 교육방법에 대해 가르친 바가 있습니다.

"깨닫기 위해 힘들게 고민하고 연구하지 않으면 해답을 얻을 수 있는 길을 알려 주지 않는다. 표현하지 못해 안달하지 않으면 실마리를 주지 않는다. 내가 책상의 한쪽 모서리를 알려 주었을 때 나머지 세 모서리를 미루어 짐작하지 못한다면 가르치지 않는 것처럼 말이다."
― 『논어』「술이」

그러면서 공자는 "가르치는 이는 인내심을 가져야 한다(誨人不倦)"고 말씀하셨습니다. 지극한 자세를 갖고 있으면서도 가끔 제자들을 방치하듯이 일부러 가만히 지켜보기도 하셨습니다. 이는 제자들이 능동적으로 문제의식을 함양하여 스스로 삶을 해결해 나갈 수 있기를 바랐기 때문입니다. 부처님이 번뇌의 흐름을 막으려면 조심하라고 말씀하신 것도 참 지혜를 얻게 하고자 함입니다.

티사 메티야의 질문에
답하시다

티사 메티야 :
이 세상에서 만족하고 있는 사람은 누구입니까?
흔들리지 않는 사람은 누구입니까?
양극단을 통달할 만큼 깊이 생각해서
양극단에도 중간에도 더럽혀지지 않는
지혜로운 저 사람은 누구입니까?
당신은 어떤 사람을 위인이라고 합니까?
이 세상에서 바느질 하는 여인(妄執)을 뛰어넘은 사람은 누구입니까?

스승 :
모든 욕망에서 멀리 떠나 행동을 맑게 하고
망령된 집착을 떠나 언제나 조심하고 잘 살펴서

편안에 이른 수행자,
그는 언제나 흔들리지 않는다.

그는 또 양극단을 통달하고 깊이 생각해서
양극단에도, 중간에도 더럽혀지지 않는다.
나는 그런 사람을 '위인'이라고 한다.
그는 이 세상에서 바느질 하는 여인(妄執)을 뛰어넘었다.

『숫타니파타』의 말미에는 열여섯 바라문이 던진 질문에 대한 답으로 되어 있습니다. 첫 번째는 티사 메티야의 물음에 부처님이 답해 주시는 내용입니다. 메티야는 번뇌를 초월한 사람에 대해 질문했습니다.

최근 한 인터넷 기사에서 '행복지수'에 대한 글을 읽었습니다. 갤럽에서 세계 148국의 사람들을 대상으로 설문조사하였는데, 우리나라는 97위를 했다고 합니다. 설문은, 잘 쉬었다고 생각하는지/ 하루 종일 존중받았는지/ 많이 웃었는지/ 재미있는 일을 했거나 배웠는지/ 즐겁다고 많이 느꼈는지 등의 다섯 항목으로 되어 있었습니다. 이 다섯 가지를 다 충족하기도 어렵지만, 그렇다고 이것을 떠나 달리 행복을 이야기할 수도 없겠다 싶었습니다.

이 질문을 곰곰이 살펴보면 행복은 결국 모든 것에 감사하게 생각하고 만족하는 데서 온다는 것을 알 수 있습니다. 또한 직장에서나 가정에서, 친구들이나 사람들 사이에 존중받았다고 느끼기도 쉽지 않습니다. 좋은 사회는 서로 존중받고 배려받는 사회입니다. 내가 존중받기 위해서는 먼저 상대방을 진심으로 존중해야 합니다. 남을 경멸하거나 무시하는 태도는 제 얼굴에 침 뱉는 것처럼 오히려 자신에게도 해롭습니다. 긍정적인 마음가짐을 잃지 않고 만족하고 감사하며 살아갈 때 행복이 옵니다.

"양극단을 이미 다 알고 있으면서 이 양극단에도 중간에도 머물지 않는 지혜로운 저 사람은 누구입니까?"라는 구절은 불교의 근본교의인 중도사상의 중요성을 보여주는 내용입니다. 불교의 모든 이론과 실천적 수행修行은 중도사상을 근본으로 하고 있습니다. 중도는 세계의 진실한 모습이므로 중도실상中道實相이라고도 합니다. 중도사상의 가장 기본적인 형태는 단순히 중간이 아니라 즐거움樂과 괴로움苦, 있음有과 없음無, 생함生과 멸함滅, 단견斷見과 상견常見 등 상대적인 어떤 양극단에 집착하지 않는 것입니다. 부처님이 최초로 설법하신 초전법륜, 사성제四聖諦와 팔정도八正道의 기초를 이루고 있는 것도 중도사상입니다. 부처님이 깨달으신 12연기十二緣起로 대표되는 연기설도 역시 중도사상을 기반으로 하고 있습니다.

중도에 입각해서 살아가고 있는 지혜로운 저 사람은 감각의 기쁨에서 멀리 벗어난 자유로운 사람, 위대한 사람입니다. 중도사상은 진리를 깨치는 근본교의인 동시에 세상을 지혜롭게 살아가는 가장 좋은 법칙이라 할 수 있습니다. 매사 중도에 입각해서 살아갈 때 그의 삶은 풍요롭고 행복하고 평안할 것입니다.

푼나카의 질문에
답하시다

푼나카 :
근본을 달관하여 그 어느 것에도
흔들리지 않는 당신께 여쭙고자 합니다.
선인仙人과 상인商人과 왕족과 바라문은 무엇에 구애받아
이 세상에서 신들에게 제물을 바치는 것입니까?

스승 :
푼나카여, 선인과 상인과 왕족과 바라문이
신에게 제물을 바치는 것은 늙어서도
지금과 같은 생존 상태를 바라기 때문이다.
늙고 쇠약해지는 것에 구애받아 제물을 바치는 것이다.

푼나카:

이 세상에서 선인과 상인과 왕족과 바라문이 모두
신에게 제물을 바쳤는데, 제사를 열심히 지냈던 그들은
생과 늙고 쇠약함을 뛰어넘을 수 있었습니까?
친절하신 분이시여,
이 세상에서 생과 늙음과 쇠약함을
뛰어넘을 수 있는 사람은 누구입니까?

스승:
푼나카여, 세상의 이 상태 저 상태를 잘 밝혀 보고
아무 것에도 전혀 흔들리지 않으며,
욕망의 연기도 피어오르지 않고 편안하며
고뇌도 없고 헛된 욕망도 없는 사람,
그는 생과 늙음과 쇠약함을 뛰어넘은 사람이다.

종교의 탄생이 두려움에서 시작되었다는 학설이 있습니다. 맞는 말입니다. 인간의 두려움을 부추기는 종교도 있습니다. 죽고 나서 벌 받을까봐 두렵다는 사람들에게 저는 이렇게 말합니다.

"불교는 죽은 다음의 사후세계를 강조하는 종교가 아니라 바로 지금 이 자리에서 세상을 바르게 보고 이웃과 더불어 평화롭고 행복하게 살아갈 수 있는 법을 가르쳐 주는 종교입니다. 어느 종교를 믿든지 내면의 두려움을 떨치십시오."

또한 『숫타니파타』의 구절을 생각하면서 다음과 같이 말하기도 합니다.

"신에게 예배를 드림으로써 늙고 죽음의 두려움에서 벗어나는 것이 아니라 이 세상의 모든 것을 잘 통찰하여 수행하면 어떤 곳에서나 전혀 흔들리지 않고, 욕망의 연기가 없어 편안하고, 고뇌 없고 헛된 욕망도 없어집니다. 이럴 때 생과 늙음과 쇠약함을 뛰어넘게 됩니다."

메타구의 질문에
답하시다

메타구 :

고타마여,

당신에게 여쭙겠습니다.

당신은 베다에 뛰어난 사람,

마음 수행을 잘 하신 분이라고 생각합니다.

세상의 온갖 괴로움은 어디에서 일어나는 것입니까?

스승 :

메타구여,

그대는 지금 내게 괴로움의 원인을 묻고 있다.

내가 아는 대로 설명해 주겠다.

세상의 온갖 괴로움은 집착이 인연이 되어 일어나는 것이다.

참으로 아무것도 모르면서 집착하는 사람은
어리석어서 괴로움에 자꾸 가까이 다가간다.
그래서 지혜로운 사람,
괴로움이 일어나는 원인을 본 사람은
집착을 만들지 않는다.

집착이 불러오는 괴로움의 원인을 설하고 계십니다. 괴로움은 바로 집착에서 일어납니다. 어리석은 사람은 이것을 깨닫지 못하고 반복하여 집착하고 또 괴로움을 겪습니다. 결국 어리석음이 집착을 불러일으키고 여기서 괴로움이 생기고 삶이 고달파지는 것입니다.

불교에서는 이 세상을 고해苦海, 고통의 바다라고 합니다. 인간 존재 자체가 구조적으로 괴로움으로 이루어졌기 때문입니다. 세상은 즐거운 것이 즐비해 있는데 왜 괴롭다고 하느냐고 따지면서 불교를 염세적인 종교라고 비난하는 사람들도 있습니다.

부처님 당시에도 이러한 점에 대해서 직접 항의한 사람들이 있었습니다.

"부처님은 왜 일체가 고苦라고 하십니까? 세상에 태어났으니 즐겁고, 늙지 않고 젊었으니 즐겁고, 병들지 않고 건강하니 즐겁고, 죽지 않고 살았으니 얼마나 즐거운지 모릅니다"라고 하면서 왜 부처님은 괴롭다고만 하시느냐고 따진 일이 경전에 나옵니다.

이때 부처님은 영원할 것 같은 청춘과 건강과 부귀영화와 사랑이 얼마나 오래 가느냐고 반문하면서 모든 것이 덧없기에 괴롭고, 독립적으로 존재하는 실체가 없는데, 거기에 집착하니 괴로운 것이라고 아주 상세하게 설명해 주고 있습니다.

그렇습니다. 무지하기 때문에 집착하게 되고 집착하면 고통 속에 휘말려 들어가기 마련입니다. 그러므로 현명한 사람은 집착하지 않고 게으르지 않은 정진을 통해 윤회의 수레바퀴에서 벗어나는 것입니다.

도타카의 질문에
답하시다

깊이 생각하고 부지런히 나아가라

도타카 :
위대한 선인仙人이여, 당신께 여쭙겠습니다.
저는 당신의 가르침을 듣고 니르바나를 배우고자 합니다.

스승 :
도타카여, 이 세상에서 현명해야 한다.
깊이 조심하고 힘써 정진해라.
내 가르침을 듣고
스스로 편안한 니르바나를 배우라.

도타카:

저는 이 세상에서 아무것도 갖지 않고
행동하는 진실한 바라문을 보았습니다.
모든 것을 보는 분이시여, 당신께 예배합니다.
눈이 열린 분이시여, 저를 모든 의혹에서 풀어 주십시오.

스승:
도타카여, 나는 어떤 의혹을 가진 사람도 해탈시켜 줄 수 없다.
다만 그대 스스로 가장 높은 니르바나의 진리를 안다면
그것으로 인해 그대는 이 번뇌의 흐름을 건널 수 있을 것이다.

 도타카의 질문과 부처님의 대답을 보면서 책에서 읽은 이야기가 생각납니다.

어떤 구도자가 스승을 찾아가서 영적인 가르침을 청했습니다.
"무슨 말을 할 수 있겠는가? 모든 것은 참나이다. 물이 얼어 얼음이 되듯 참나가 형태를 취하여 이 우주가 된다. 오직 참나만이 존재한다. 그대가 바로 참나이다. 이것을 알면 모든 것을 알게 될 것이다"라는 스승의 말에 구도자는 만족하지 못했습니다.
"그게 전부입니까? 그런 말은 책에도 나와 있습니다. 다른 말씀을 더 해 주세요?"라고 하자, "그것이 전부다. 더 많은 가르침을 받고 싶으면 다른 곳으로 가거라" 하고 스승이 말하였습니다.
그는 두 번째 스승을 찾아가 가르침을 청했습니다. 이 스승은 매우 노련해서 직관적으로 알아보고서 대답했습니다.

"그대를 가르쳐 주겠다. 대신 12년 동안 내게 봉사해야 한다."

인도에서는 예로부터 스승에 대한 봉사를 대단한 육체적·정신적·영적 수행으로 여겼습니다. 그래서 구도자는 이 조건을 기꺼이 받아들였습니다. 스승은 사원의 관리인을 불러서 구도자에게 할 일을 주라고 했습니다.

물소의 똥을 치우는 일밖에 없다는 관리인의 말을 듣고 "그것을 하겠느냐?"는 스승의 물음에 구도자는 그러겠다고 대답했습니다. 그는 매우 성실했기에 일에 대해서 이의를 제기하지도 않고 12년 동안 하루도 빠짐없이 똥을 치웠습니다. 그러던 어느 날 자신이 12년을 채웠고 이틀 더 일한 것을 알게 되었습니다. 그래서 그는 스승에게 "이제 12년간의 일을 끝냈습니다. 제게 가르침을 주십시오"라고 말씀드렸습니다.

스승이 말했습니다. "이것이 나의 가르침이다. 모든 것은 의식이다. 참 나만이 우주에 있는 모든 것으로 나타난다. 너 역시 참나 자체이다."

12년 동안 일하면서 구도자는 매우 성숙해졌습니다. 그래서 스승의 말을 듣자마자 깊은 삼매에 들어가 진리를 체험하였습니다. 삼매에서 나온 뒤 스승에게 물었습니다.

"오, 스승님, 이해되지 않는 점이 한 가지 있습니다. 저는 전에 이미 이 가르침을 받은 적이 있습니다. 다른 스승도 제게 똑같은 가르침을 주었습니다."

"그렇다. 12년 동안 진리가 변하지는 않았다."
"그렇다면 제가 이것을 이해하기 위해 왜 그렇게 긴 세월 동안 물소의 똥을 치워야 했습니까?"
"그대가 어리석었기 때문이다."

이 구도자는 12년 전이나 12년이 지난 후나 똑같은 법문을 들었습니다. 하지만 12년 전에는 말이 그냥 말에 지나지 않았으나 12년이 지난 시점에는 큰 깨달음으로 들어가는 진리의 말씀이 되었습니다. 말은 달라지지 않았는데, 사람이 달라졌습니다. 제자는 몹시 억울하기도 했을 것입니다. 그 긴 세월 동안 물소 똥을 치우는 일을 했으니 말입니다. 그러나 그 세월이 결코 헛되지는 않았습니다. 이 구도자와 같은 경우 선종에서 말하는 점수돈오의 경지, 점점 닦아서 문득 깨달음에 이른 것이지요.

진리에 이르는 길은 물소 똥을 치우든 쓰레기를 치우든 최선을 다하는 데 있습니다. 묵묵히 자신의 일에 최선을 다하는 순간순간이 깨달음의 순간임을 인식해야 합니다. 지혜롭게 깊이 생각하고 부지런히 나아갈 때 니르바나의 길에 들어설 수 있습니다. 그렇지 않으면 아무리 많은 법문을 듣고 오랜 세월 동안 수행할지라도 번뇌의 늪에서 벗어나기 어렵습니다.

우파시바의 질문에 답하시다

탐욕에서 떠나 무소유를 향해 걸어가라

우파시바:
모든 것을 보신 분이시여,
저는 다른 어떤 것에도 의지하지 않고
혼자서 큰 번뇌의 흐름을 건널 수가 없습니다.
제가 이 번뇌의 흐름을 건너갈 수 있도록
제가 의지해야 할 것에 대해 가르쳐 주십시오.

스승:
우파시바여, 조심하며 무소유를 기대하라.
'거기에는 아무 것도 없다'는 생각을 가지고
번뇌의 흐름을 건너라.

모든 욕망을 버리고 모든 의혹을 떠나서
밤낮으로 니르바나, 애착의 소멸을 바라보라.

우파시바:
모든 욕망에 대한 탐욕을 떠나서
저 무소유로써 다른 것을 버리고
가장 높은 상념想念에서의 해탈 상태에서 해탈된 사람,
그는 물러서지도 않고 타락하지도 않고
여기에 안주할 수 있습니까?

스승:
우파시바여, 모든 욕망에 대한 탐욕을 버리고
저 무소유로써 다른 것을 버리고
가장 높은 상념想念에서의 해탈 상태에서 해탈된 사람,
그는 물러서지도 않고 타락하지도 않고
여기에 안주할 수 있을 것이다.

집착을 떠나 진정으로 무소유를 실천하면 마음의 평안을 얻을 수 있는지 여쭙는 우파시바의 질문을 보면서 법정 스님의 무소유가 생각났습니다. 진정한 무소유는 욕심을 다스리는 길입니다. 부처님은 욕망을 다스려 그것으로부터 벗어남으로써 영원히 안주하게 될 것이라고 강조하고 있습니다.

우파시바의 질문과 부처님의 답변을 보면서 불현듯 송宋의 무문혜개無門慧開(1183~1260) 선사가 1228년에 출간한 공안(화두, 선문답)집인 『무문관』 제10칙의 내용이 생각났습니다.

『무문관』 제10칙의 조산 화상과 청세 수좌가 청빈수행에 관해 문답하면서 그에 대한 소감을 게송으로 읊는데 그 내용은 다음과 같습니다.

조산 선사께 청세清稅라는 수좌가 청하기를 "제가 대단히 가난합니다. 스님께서 넉넉히 구제하여 주십시오." 하고 청하니 조산 선사께서 불렀다.
"청세 사리야!"
"예."
"네가 청원백가青原白家의 술을 석 잔이나 마시고도 아직 입술에 젖지(沾脣) 않았다고 하겠느냐?"

조산본적(840~901) 선사에게 청세라는 젊은 수좌가 '고빈孤貧'에 대해 말하면서 구제해 달라고 청합니다. 글자 그대로 풀이하면 외롭고 가난한 것인데 실로는 무소유의 세계를 뜻합니다. 무소유한 가운데 도가 자라납니다. 번다하고 들뜬 기분으로 어찌 진리의 깊은 세계를 알 수 있겠습니까? 도를 배우는 사람은 '고빈'을 기쁘게 받아들여야 합니다. 다시 말해 청세는 자신이 충분히 고빈하기 때문에 도를 알 만하지 않느냐고 조산 선사에게 물었던 것입니다.

조산 선사는 청원백가주로 비유를 들어 답했습니다. 『전등록』에는 '천주백가주'가 나오는데, 청원이나 천주는 모두 중국에서 술 산지로 유명한 곳입니다. '백가'는 술집의 명가인 백씨의 양조장을 뜻하지만 그냥 명품 술을 일컫는 말로 알면 됩니다. 즉, 그 명품 술을 이미 석 잔이나 마셨으니 감출 수가 없는데 공연히 입술도 적시지 않은 척한다는 말입니다. 진정한 가난이나 도의 깊은 이치를 터득했다고 할 수 있겠는지 스스로 돌이켜보라고 찔러보는 것입니다. 어떻게 답해야 진정한 가난을 안다 할까요?

가난하기로는 범단과 같고
기개는 항우와 같다.
한 푼 없는 살림살이로도
당당하게 부귀를 다투네.

貧似范丹 氣如項羽 活計雖無 敢與鬪富

여기서 핵심은 '가난'에 대한 진정한 의미입니다. 물질이 넉넉지 못할 때 우리는 가난하다고 합니다. 그런데 오히려 부자가 물질에 대한 갈증이 심한 경우가 많습니다. 이럴 때 마음이 가난한 사람이라고 합니다. 기독교나 중국의 노장 철학에서도 심리적인 면을 설명하는 도구로 가난이라는 용어를 쓰고 있습니다.

같은 마음의 가난이라도 그 의미는 삼만팔천 리나 떨어져 있습니다. 물질에 대한 집착이 심한 세속의 가난과 청세 수좌의 고빈은 매우 다릅니다. 고빈은 텅 빈 방에 햇살이 모이듯이 마음의 본바탕이 온전히 드러나는 것을 뜻합니다. 어떤 가식, 꾸밈이 전혀 없는 상태이기도 합니다. 이럴 때 우리 자신을 만날 수 있습니다. 탐욕이 꺼지고 번뇌가 사라진 빈자리인 진정한 가난을 만날 수 있습니다.

범단(범염이라고도 함, 자는 史雲)은 『후한서』 열전 제71에 그의 전기가 있는데, 극도의 청빈한 상태에서도 태연자약하게 살았다고 전해집니다. 항우는 잘 아시다시피 초나라의 장수로 어려서 글자를 배우는데, "장부가 자기 이름 석 자만 쓸 줄 알면 된다"는 유명한 말을 했습니다. 『초한지楚漢志』·『초한연의楚漢演義』가 진나라 말기 초나라 항우와 한나라 유방의 기나긴 대립을 묘사하고 있는 역사서이고, 이 둘의 이야기는 책으로 영화로 널리 알려져 있습니다. 홍콩배우 장국영이 열연한 「패왕별희」라는 영화도 바로 항우에 대한 것입니다. 어쨌든 도인의 풍모란 단 한 푼 없어도 마치 항우장사처럼 당당할 수 있어야 한다는 의미입니다.

부처님 당시나 중국 송나라 때나 21세기인 지금이나 언어 표현만 약간 다를 뿐 도의 경지는 같습니다. 모든 욕망에 대한 탐욕을 버리고 저 무소유로써 가장 높은 상념(想念)에서의 해탈 상태에서 해탈된 사람은 시공을 초월한 도인이요, 대자유인입니다.

난다의 질문에
답하시다

번뇌의 흐름을 뛰어넘은 사람

난다 :

사람들은 이 세상에 여러 성인이 있다고 말합니다.

그 이유는 무엇입니까?

세상 사람들은 지혜를 갖춘 사람을 성인이라고 합니까?

혹은 생활이 갖춰진 사람을 성인이라고 합니까?

스승 :

난다여, 이 세상의 진리에 통달한 사람들은

견해에 의해서나 학문이나 지식을 보고

성인이라 하지 않는다.

번뇌의 군대를 깨뜨리고 더 이상 고뇌도 없고 욕망도 없이 행동하는 사람들, 나는 그들을 성인이라고 가르친다."

난다:
만일 당신이 "그들은 아직도 번뇌의 흐름을 뛰어넘지 못했다."
고 하신다면, 훌륭하신 분이시여,
신들과 인간의 세상에서
생과 늙음을 뛰어넘은 사람은 누구입니까?
스승이시여, 가르쳐 주십시오.

스승:
난다여, 나는 '모든 도인, 바라문들이
생과 늙음에 가려져 있다'고 하는 것이 아니다.
이 세상에서 견해를 버리고
학문과 사상과 계율과 서원마저 모두 버린 사람,
그리고 여러 가지 방법을 버리고,
애착을 깊이 꿰뚫어서 마음이 더럽혀지지 않는 사람,
그들이야말로 '번뇌의 흐름을 뛰어넘은 사람'이라고 한다.

난다의 질문은 어떤 사람이 성인으로 불릴 만한 자격이 있는지에 대한 것입니다. 지식이 높거나 행실이 뛰어나면 성인이라고 할 수 있을까요?
부처님은 겉모양에 드러난 학식이나 행실의 고매함으로는 성인이라고 할 수 없다고 하셨습니다. "번뇌의 군대를 깨뜨리고 더 이상 고뇌도 없고 욕망도 없이 행동하는 사람들, 나는 그들을 성인이라고 가르친다"라고 말씀하십니다.

채우고 싶은 욕망이 남아 있다면 심신이 편안해지기 어렵습니다. 욕망은 굶주림과 같습니다. 배고픈 사람은 무엇을 보든 머릿속에는 온통 음식 생각뿐입니다. 아무리 다른 생각을 하려 해도 음식 생각을 떨쳐내지 못합니다. 욕망과 집착의 함정에 빠져버리면 마음을 다스리는 것으로 이겨내기 힘듭니다. 그래서 오직 욕망의 군대를 격파하고 고뇌도 바람도 없이 묵묵히 진리의 길을 걷는 사람을 성인이라고 하셨습니다.

헤마카의 질문에 답하시다

진리를 보고 모든 집착을 넘어서다

헤마카:
성인이시여, 허망한 집착을 소멸하는 방법을 가르쳐 주십시오.
그것을 알고 잘 관찰하고 조심하고 행동해서
세속에 대한 애착을 뛰어넘을 수 있도록 노력하겠습니다.

스승:
헤마카여, 이 세상에서 보고 듣고
생각하고 식별한 모든 것에 대하여
아름다운 사물에 대한 욕심을 없애는 것이
멸하지 않는 니르바나의 경지이다.

이를 잘 알고 깊이 새겨서
현세에서 번뇌를 완전히 떠난 사람은
언제나 편안으로 돌아갔다.
그는 세속의 모든 집착을 뛰어넘은 것이다.

　　욕망의 거센 물결을 넘어설 수 있는 것은 집착을 넘어서는 것입니다. 집착은 삶을 훼방 놓는 불청객과 같습니다. 집착이 일어나면 자신만의 관점으로 보게 되어 없는 것이 있는 것으로 보이고, 있는 것이 없는 것으로 보이기도 합니다. 이 세상에 혼란을 일으키는 모든 문제의 발단이 집착이라 해도 과언이 아닙니다.
　　누가 묶은 것도 아닌데 스스로 얽매입니다. 어떤 장소든 그곳에 있는 것을 원치 않는다면, 자신에게는 감옥입니다. '감옥'의 진정한 의미는 구속입니다. 구속되면 자유가 없고 자신의 의지대로 생각하고 행동할 수 없습니다. 심지어 직업마저도 자신이 원하지 않거나 즐거운 마음으로 할 수 없다면, 또 하나의 감옥 속에 있는 것과 같습니다. 자신이 서 있는 그 순간에 만족하고 집중할 때 자유롭습니다. 진정한 자유는 욕망과 집착으로부터의 자유인 것입니다. 욕망이 이끄는 대로 끌려간다면 자유인이라 할 수 없습니다.
　　루미의 우화집에 이런 이야기가 있습니다.

"오, 그대가 라일리인가?"
칼리프가 말했다.

"그대가 내 친구 마즈눈으로 하여금 사랑에 빠져서 정신을 잃게 만든 그 미모의 라일리라고? 이해할 수 없군. 내 눈에는 다른 여자들과 다를 바 없는 평범한 용모인데?"

라일리가 대꾸했다.

"하지만, 당신은 마즈눈이 아니잖아요?"

집착의 비유로 적절한 우화입니다. 사람이든 물건이든 우리는 자신만의 눈과 생각으로 보고 집착합니다. 그래서 집착에 대해 이해하는 것이 쉽지 않습니다. 우리에겐 갖가지 삶의 고민과 해프닝이 매일 매순간 일어납니다. 칼리프는 라일리를 보통의 여자들과 별다르게 보지 않지만, 마즈눈은 라일리를 세상에서 가장 예쁜 여인으로 생각합니다. 대상의 객관적 평가와 달리 주관적으로 보면 사물의 진실이 달라집니다. 그 핵심이 바로 집착입니다.

토데야의 질문에
답하시다

아무것도 원치 않는 사람, 생존에 집착하지 않는 사람

토데야 :
모든 욕망에 머물지 않고,
애착이 전혀 없이 모든 의혹을 뛰어넘은 사람,
그들은 어떠한 해탈을 구하면 좋겠습니까?

스승 :
토데야여, 모든 욕망에 머물지 않고
애착이 없고 모든 의혹을 뛰어넘은 사람,
그에게 어찌 따로 해탈이 있을 수 있겠는가.

토데야 :

그는 더 이상 소원이 없습니까?

혹은 또 무엇인가를 바라고 있는 것입니까?

그는 지혜가 있습니까?

혹은 아직도 지혜를 얻기 위해 힘쓰고 있습니까?

석가족의 성인이시여,

모든 것을 보는 분이시여,

그가 성인임을 제가 알 수 있도록

자세히 설명해 주십시오.

스승:

그는 소원이 없는 사람이다.

그는 또 아무것도 바라지 않는다.

그는 지혜롭지만 지혜를 얻기 위해 힘쓰는 사람은 아니다.

토데야여, 성인은 바로 이런 사람이라고 알라.

그는 아무 것도 소유하지 않고

욕망의 생존에 매여 있지 않는다.

토데야가 깨달은 분, 부처님이 어떤 분인지에 대해 자세히 설명해 달라고 요청하자, 아무것도 원치 않는 사람, 생존에 대해 집착하지 않는 사람이라는 지극히 평범한 말씀을 하고 있습니다.

『선문염송』 제30권의 내용이 참조할 만합니다.

오조 법연 선사에게 누가 물었다.
"어떤 것이 부처입니까?"
선사가 말했다.
"살찌는 것은 입에 달렸다."

부처에 대해 물었는데, "비종구입肥從口入", '살찌는 것은 입에 달렸다'고 합니다. 이게 무슨 뚱딴지같은 소리인가 싶겠지만, 말로 설명할 수 없는, 깨달음을 특별한 데서 찾는 사람에게 가하는 선사의 따끔한 일침입니다. 또 한편으론 잘 먹는 사람은 어떤 음식을 줘도 맛있게 먹고 살이 찌지만, 반대로 마르거나 병약한 사람은 입이 까다로워 가리는 게 많고 잘 먹지 못하는 것처럼 부처님의 가르침도 단순한 사실에서 출발합니다.

우리는 모두 욕망하고 집착하는 것이 삶인 줄 알고 살아가고 있는데, 부처님은 그 어떤 것도 바라지 않고 무엇으로부터도 방해받지 않고 구속되지 않는 분입니다. '신의 거울'이라고 불린 무함마드의 이야기가 있습니다.

터키인 한 사람이 무함마드를 보고 말했다.
"참 못생긴 사람이군."
"맞아요, 잘 보았소."

얼마 뒤, 인도인이 무함마드를 보고 말했다.
"아, 온 세상을 비추는 저 빛나는 태양 같은 분이군요."
"친구여, 잘 보았소. 그대 말이 맞소."
무함마드를 따르던 자들이 물었다.
"어째서 영 다르게 보는 두 사람을 모두 옳다고 하십니까?"
무함마드가 말했다.
"나는 맑게 닦여진 거울이라네. 저 두 사람은 내게 와서 각자 모습을 본 거라네."

위의 이야기를 보면, 이성계와 무학 대사의 유명한 일화가 떠오릅니다. 자신의 마음이 세상의 마음입니다. 자신의 눈이 세상의 눈입니다. 자신의 귀가 세상의 귀이며, 자신의 소리가 세상의 소리입니다. 이처럼 부처님은 세상의 모든 것에서 부처를 봅니다.

하지만 꽃들이 화사하게 피어 있는 아름다운 정원일지라도 마음이 탁해지는 순간 예쁜 것을 못 느낍니다. 음식이 살과 피가 되어 나를 살리는 에너지가 되려면 일단 먹어야 하듯이 본래 부처인 우리가 부처임을 알기 위해서는 부처님의 말씀을 배우고 깊이 생각하고 욕망을 버리고 집착을 벗는 연습을 해야 합니다. 그럴 때 우리 삶은 더욱 큰 신비의 창고를 열어 보이고 마침내 진리의 삶으로 변화됩니다.

깝빠의 질문에 답하시다

깝빠가 물었다 :
아주 무서운 거센 물결이 밀려왔을 때
호수 가에 있는 사람들,
늙음과 죽음에 두려워 떨고 있는 사람들을 위해서
섬(피난처)을 가르쳐 주십시오.
이 고통이 다시는 일어나지 않을
피난처를 제게 알려 주십시오.

스승 :
깝빠여, 아주 무서운 거센 물결이 밀려왔을 때
호수 가에 있는 사람들,
늙음과 죽음에 두려워 떨고 있는 사람들을 위해서
섬(피난처)을 가르쳐 주겠다.

아무 것도 소유하지 않고, 집착하지 않고
취하는 일이 없는 것, 이것이 바로 섬(피난처)이다.
그것을 니르바나라고 하며, 늙음과 죽음의 소멸이다.

이를 똑똑히 알고 깊이 새겨서
번민을 완전히 떠난 사람들은
더 이상 악마에게 굴복하지 않으며
악마를 따르는 사람이 되지 않는다.

제가 아직 공부하는 과정에 있어서 책을 많이 보는 편에 속합니다. 그러다 보니 병폐 아닌 병폐가 생겼는데, 경전을 보면서 다른 책 속의 내용이 자주 생각납니다. 때론 그 덕분에 경전의 대의를 파악하기 쉬울 때도 있지만 어떨 때는 얼토당토 않는 얘기가 떠오를 때도 있습니다. 늙음과 죽음의 공포에 떨고 있는 사람들을 위해서 피난처를 일러달라는 대목에 이르러 『선림구집』의 한 구절이 생각납니다.

잔나비 우는 삼협을 지나왔거니
무쇠심장이라 해도 단장의 슬픔을 금치 못하리.
曾經巴陜猿啼處 鐵牛心肝也斷腸

삼협의 단장에 대한 고사를 담고 있으니 짚고 넘어가겠습니다.『세설신어』에 실려 있는 것을 간략히 옮겨보겠습니다.

　　진晉(東晉 317~420) 나라의 환온桓溫이 촉蜀 땅을 정벌하기 위해 여러 척의 배에 군사를 나누어 싣고 양자강 중류의 협곡인 삼협三峽을 통과할 때 있었던 일입니다. 환온의 부하 하나가 원숭이 새끼 한 마리를 붙잡아서 배에 실었습니다.

　　어미 원숭이가 뒤따라 왔으나 헤엄을 못 치니 배에는 오르지 못하고 강가에서 슬피 울부짖었습니다. 이윽고 배가 출발하자 어미 원숭이는 강가에 병풍처럼 펼쳐진 벼랑에도 아랑곳하지 않고 필사적으로 배를 쫓아왔습니다. 배가 100여 리쯤 나아갈 때까지 쫓아온 것입니다. 마침내 배가 강기슭에 닿자 어미 원숭이가 배에 뛰어오르더니 그만 죽고 말았습니다. 이상하게 여긴 군사들이 그 어미 원숭이의 배를 갈라 보니 너무나 애통한 나머지 창자가 토막토막 끊어져 있었습니다. 이 사실을 안 환온은 크게 노하여 원숭이 새끼를 붙잡아 배에 실은 그 부하를 매질한 다음 내쫓아 버렸다고 합니다. 삼협은 양자강 중류의 세 협곡인 구당협瞿塘峽·무협巫峽·서릉협西陵峽을 말합니다.

　　생명에 대한 애착, 자식에 대한 사랑은 사람이나 동물이나 다르지 않습니다. 부처님의 법에서 우리는 삶과 죽음의 초월을 볼 수 있습니다. 진리를 보신 부처님만이 늙음과 죽음을 뛰어넘으셨고, "가장 안전한 섬은 늙음과 죽음의 소멸"이라고 분명하게 말씀하셨습니다. 부처님 말씀을 공부하고 생활 속에 적응시켜 보는 연습을 하다 보면 깨달음이 옵니다. 알면 집착과 두려움이 사라집니다.

가투깐니의 질문에 답하시다

붙잡지 않으면 평안해질 것이다

가투깐니 :
저는 용사勇士로 욕망을 구하지 않는 분이 있다는 말을 듣고,
저 거센 흐름을 뛰어넘은 사람(부처)에게
욕망을 뛰어넘는 방법을 여쭙기 위해 여기 왔습니다.
평안의 경지(니르바나)를 가르쳐 주십시오.
본래부터 지혜의 눈이 있는 분이시여,
사실대로 가르쳐 주십시오.

스승 :
가투깐니여, 모든 욕망에 대하여 탐욕을 억제하라.
떠나버리는 것을 안온으로 보라.

취할 것도, 버릴 것도, 그 아무것도
그대의 가슴 속에 있어서는 안 된다.

과거의 번뇌를 말려 버리고, 미래에는 아무것도 남지 않도록 하라.
현재 그 아무것도 붙잡지 않는다면 그대는 평안해질 것이다.

　　평안한 니르바나의 경지에 대해 여쭙는 가투깐니에게 부처님은 아무것도 붙잡지 않는다면 평안해질 것이라고 말씀하셨습니다. 과거를 지워버리고 미래에 대한 기대도 하지 말라고 하는데, 『금강경』의 "응무소주 이생기심應無所住 而生其心"과 "과거심불가득過去心不可得 현재심불가득現在心不可得 미래심불가득未來心不可得"이 생각났습니다.

　가만히 살펴보십시오. 괴로움의 근원, 욕망의 뿌리는 머무는 데 있습니다. 마음이 사람에 머물면 애착이 생기고 물질에 머물면 탐착이 생겨 괴롭습니다. 또한 우리를 괴롭히는 것들의 정체를 가만히 살펴보면 다 과거에서 왔거나 오지 않은 미래에 대한 두려움입니다. 그것을 바로 볼 때 괴로움이 사라지는 신기한 체험을 할 수 있습니다. 마음을 자유롭게 쓰고 집착하지 않을 때 행복하다고 들뜰 것도 없고 불행하다고 괴로워할 일도 없습니다. 행복이 불행의 끝도 아니고 불행이 행복의 끝도 아니요, 그저 순간순간 자리를 바꿔가며 주인노릇을 한다는 것만 알아도 마음의 평화, 진정한 행복을 알게 됩니다.

바드라부다의 질문에 답하시다

집착을 버려라

바드라부다 :
당신은 이법理法을 낱낱이 알고 계십니다.
당신의 말씀을 듣기 위해
이렇게 많은 사람들이 지방에서 모여들었습니다.
그들을 위해서 가르침을 설해 주십시오.

스승 :
바드라부다여,
위나 아래나 옆이나 중간에도
집착하는 모든 집착의 마음을 버려라.
이 세상의 어떤 일에 집착하게 되면

그것으로 인해서 악마가 따라다니게 될 것이다.

그렇기 때문에 수행자는 바르게 알고, 조심해서
이 세상 그 어느 것에도 집착하지 말아야 한다.
죽음의 영역에 집착을 느끼고 있는 사람들은
'소유하고 싶은 집착을 가진 사람'들이라고 보아라.

계속 집착에 대한 질문이 이어지고 있습니다. 부처님은 질문 하나하나에 친절하게 답을 해 주고 있습니다. 사람들은 세상을 살아가기 위해서는 집착을 당연한 것으로 생각합니다. 집착을 놓으면 다 무너지는 것으로 생각합니다. 그런데 부처님이 진정으로 자유롭고 행복하기 위해서는 집착하는 마음을 버려야 한다고 가르치시니 여러 지방에서 많은 사람들이 모여들었습니다. 부처님은 집착에 대해 분명히 이해하고 집착을 극복하여 욕망의 노예가 되지 않도록 이끌어 주셨습니다.

불교에서 집착하지 말라, 내려놓으라, 비우라고 하니, '도대체 욕망으로 얼룩진 이 시대에 어떻게 내려놓고 비우면서 살 수 있습니까?' 하고 항변하는 사람들이 많습니다. 그런데 집착하지 않고 내려놓으면 참 행복이 온다는 것을 실제로 느낄 수 있습니다. 아무리 사랑이라는 말로 포장을 해도 욕심과 집착으로 얼룩진 마음으로는 행복해지기 힘듭니다.

『술 취한 코끼리 길들이기』, 『성난 물소 놓아주기』 등의 저서를 지은 세계적인 명상 수행자로 알려진 아잔브람 스님은 내려놓기, 친절, 부드러움을 수행의 중요한 세 가지 자세로 손꼽고 있습니다. 예를 들어, 음료수 잔을 들고 있으면 점점 무거워집니다. 그런데도 계속 들고 있으려 하면 점점 무거워질 뿐입니다. 그럴 때는 내려놓으면 됩니다. 그리고 들고 싶을 때 들면 됩니다. 그렇게만 하면 우리는 전혀 음료수 잔이 번뇌롭지 않을 것입니다.

내려놓음이 선택이 아니라 행복을 위해 반드시 실천해야 하는 지혜임을 잊지 말아야 합니다. 그리고 세상에 대한 친절한 마음, 그리고 한없이 부드러운 자세가 중요합니다. 아잔브람 스님이 스승인 아잔차 스님으로부터 듣고 감동했던 이야기를 들려주었습니다.

한 신혼부부가 이른 저녁을 먹고 숲으로 산책을 갔습니다. 둘이서 즐거운 시간을 보내고 있는데, 멀리서 꽥꽥 하는 어떤 소리가 들려왔습니다.
신부가 말합니다.
"닭이 우네요."
신랑이 반박합니다.
"아니야, 저건 거위 소리야."
이렇게 두 사람은 서로 자신이 맞다고 우기기 시작했고 간헐적으로 꽥꽥 하는 소리가 계속 들려옴으로써 언쟁이 그치지 않을 기세였습니다. 나중에는 신부가 울먹이며 자신이 맞다고 강변하는 상황이 벌어졌습니다.

그 순간 신랑은 신부의 눈에 눈물이 가득 고인 것을 보면서 생각해 봤습니다. 그리고 자신이 왜 그녀와 결혼하였는지도 돌아보았습니다. 숲에서 들려오는 소리가 거위든 닭이든 둘 사이에 아주 상관이 없는 사건이었습니다.

신랑은 신부에게 닭이 맞다고 하면서 기분을 누그러트리며 기분 좋게 산책을 마쳤습니다.

이렇듯 본질을 잃어버리고 자기 견해에 집착해서, 다른 사람에게 지기 싫어하고, 아무 상관없는 일로 인생을 허비하고 삶을 위태롭게 하는 경우가 종종 있습니다. 그래서 집착을 버리라고 그토록 강조하신 것입니다.

우다야의 질문에 답하시다

근본 무지를 깨뜨리는 법

우다야 :
무지를 부수려면 어떻게 해야 합니까?
영혼의 자유를 얻으려면 또 어찌해야 합니까?

스승 :
우다야여, 근심 걱정을, 욕정을 버려라.
게으름 피우지 말고
지나간 일에 대하여 지나치게 후회는 하지 말아라.

진리에 대한 통찰과 명상을 통해서
침착한 마음자세와 생각을 순수하게 갖는 것,

이것이 무지를 부수는 길이요, 영혼의 자유를 얻는 길이다.

 근본 무지를 부수고 영혼의 자유를 얻으려면 어떻게 해야 하느냐는 우다야의 질문에 다음과 같은 이야기가 생각납니다.

옛날 한 나라의 왕궁에 이런 일이 있었습니다. 왕이 외출을 한 사이에 악마가 왕궁으로 들어왔습니다. 추한 몰골에 심한 냄새, 기분 나쁜 말투와 분위기로 모두 벌벌 떨게 만들었습니다. 그는 왕의 자리에 앉아 거드름을 피웠습니다.
한참 만에 정신을 차린 경비들과 왕궁의 신하들이 악마에게 욕을 퍼붓기 시작했습니다. 그런데 욕을 하고 뭔가를 집어 던지면 악마의 몸이 커지면서 악취도 심해지고 몰골이 더 추해지는 것이었습니다. 급기야 악마는 왕궁이 꽉 찰 정도가 되었습니다.
그러는 사이에 왕이 돌아왔습니다. 사태를 파악한 왕은 사람들에게 욕을 하지 말고, 악마에 대적하는 행동을 멈추라고 한 다음 악마에게 다가가 말을 걸었습니다.
"어서 오시오. 내가 없는 사이에 신하들이 몹시 결례를 했나 보오. 자, 뭐든 드시고 싶은 것을 말하시오."
그러자 악마의 몸이 줄어들기 시작했습니다. 눈치를 챈 신하들이 악마의 주위에 몰려들어 모두 칭찬을 하고 친절한 말을 건넸습니다. 그러자 어느 순간 악마의 몸이 점점 줄어들어 흔적도 없이 소멸되었습니다.

　이와 같이 우리 내면의 탐내고 성내고 어리석은 마음을 다스리면 무지를 부수고 영혼의 자유를 얻을 수 있습니다. 자연스레 근심 걱정과 욕정도 사라집니다.
　부처님이 게으름 피우지 말라는 말씀을 열반 직전까지도 당부하신 것은 삼독심은 중독성이 있어서 그리 쉽게 다스려지지 않기 때문입니다. 화내고 어리석고 탐내는 마음이 우리를 습관처럼 끌고 다니다가 어느 사이에 주인과 손님이 바뀌어 고통을 안겨 줍니다.
　그래서 더욱 수행 정진하여 우리의 마음자리를 살펴야 합니다. 알아차리면 마음을 다스리기가 훨씬 쉬워집니다.

포살라의 질문에 답하시다

환희가 속박이다

포살라 :
물질에 대한 생각을 떠나 몸을 모두 버린 사람,
안으로나 밖으로나 '아무것도 존재하지 않는다'고 보는
사람의 지혜에 대하여 여쭙겠습니다.
석가족의 성자여,
그와 같은 사람은 어떻게 이끌어야 합니까?

스승 :
포살라여, 나는 인간의 모든 식별 작용과 그 상태를 다 알고 있다.
완전한 사람은 그의 존재하는 모습을 다 알고 있다.
곧 그 사람은 해탈할 것이다.

그는 그것을 의지하고 있음을 알라.

'갖지 않은 것'이 성립하는 이유,
곧 '환희가 속박이다'라는 것을 알고,
그것을 그런 것으로 알고,
그것에 대해 조용히 관찰하는 사람,
이와 같이 분명히 알고
안정된 사람에게는 명확한 지혜가 있다.

포살라는 안으로나 밖으로나 아무것도 존재하지 않는다고 보는 사람의 지혜가 무엇인지 물었습니다. 포살라가 부처님께 이와 같은 질문을 한 것은 부처님을 과거의 일들에 얽매이지 않고 괴로워하지 않고 흔들리지 않으며 모든 의혹을 끊고 모든 사물의 피안에 이른 스승으로 생각했기 때문입니다.

슬픔뿐만 아니라 기쁨도 속박이 될 수 있습니다. 하지만 이왕이면 행복하고 즐겁게 살아가야 합니다. 지나친 것은 도리어 화를 초래합니다. 진리의 길을 가는 사람은 마음을 항상 고요하게 무소유로 살아가는 연습을 해야 합니다.

모가라자의 질문에 답하시다

'자기'라는 관념을 버려라

모가라자 :
세상을 어떻게 보아야
죽음의 왕(死王)을 보지 않겠습니까?

스승 :
모가라자여, 언제나 조심해서
자기 자신에게 고집하는 견해를 버리고,
이 세상을 빈 것(㈜), 덧없이 변하는 것으로 보라.
그와 같이 하면 죽음을 건널 수 있을 것이다.
이와 같이 세상을 보는 사람은 결코 죽음의 왕이 볼 수 없다.

모가라자의 질문은 세상에 태어나면서부터 죽음으로 향하고 있는 모든 사람들의 궁극적 물음입니다. 불교에서는 제행무상諸行無常, 세상을 덧없이 변해 가는 것으로 보라고 합니다. 또한 제법무아諸法無我, 주의 깊게 '자기'라는 관념을 부수면 죽음을 초월할 수 있다고 말합니다.

그렇습니다. 봄에 꽃이 피고 여름에 무성해지고 가을에 단풍이 들고 겨울에 떨어지는 것처럼 우리 인생도 덧없이 변해 갑니다. 그리고 내년 봄에 다시 꽃을 피우듯이 윤회에서 벗어나기 전에는 나고 죽음을 반복하게 됩니다. 깨달음을 성취하여 '자기'라는 관념을 부술 때 비로소 죽음의 손아귀에 잡히지 않는 것입니다.

『선문염송』에 있는 설봉 선사와 어떤 스님의 문답과 그에 붙인 게송이 참고가 될 것 같아 소개합니다.

설봉 선사에게 어떤 스님이 물었습니다.
"생사의 바다가 넓으니, 어찌하여야 나룻배를 만납니까?"
선사가 말했습니다.
"뗏목에 오르면 뗏목이 가라앉고, 배에 오르면 배가 가라앉는다."

흔히 생사를 바다에 비유합니다. 넓고 깊은 바다처럼 나고 죽는 세계도 끝이 없습니다. 생사의 바다를 건너려면 탈 것이 필요합니다. 인연에 따라 어떤 때는 뗏목을 만나기도 하고, 어떤 때는 나룻배를 만나기도 할 것입니다.

그런데 뗏목이라 해도 가라앉고 배라 해도 가라앉고 맙니다. 왜 그럴까요? 중생은 업의 힘이 두텁고 무겁기 때문입니다.

삶의 바다가 망망하고 죽음의 바다가 깊어서
뗏목에 타면 뗏목이 가라앉고 배에 타면 배가 가라앉는다.
종사의 한 마디는 사사로움이 없는 말이니
순금에 금을 바르지 않는 줄을 누가 알리오.
生海茫茫死海深　上箄箄沒上船沈
宗師一句無私語　誰辨眞金不點金

-『선문염송』대련각의 송

설봉 선사와 어느 스님의 문답에 대해 대련각이 위와 같은 송을 달았습니다. 가짜는 금을 입혀 금처럼 보겠지만, 순금은 꾸밀 필요가 없습니다. 모든 것은 진짜와 가짜로 구분할 수 있는데, 꾸밈이 있느냐 없느냐에서 차이가 벌어집니다.

부처님은 꾸미지 않아도 부처님입니다. 부처님이 말씀하시길, 모든 중생은 본래 부처님인데 다만 무지하여 부처라는 것을 모른다는 겁니다. 제행무상과 제법무아를 깨닫는 것이 본래 부처님의 면목을 찾는 것이요, 죽음을 초월하는 길입니다. 덧없이 변화하는 것이고, 집착해야 할 고정불변의 '자기'라는 것이 본래 없다는 것만 알면 되니 이 얼마나 쉬운 길입니까?

핑기야의 질문에 답하시다

육체에 대한 집착을 버려라

핑기야 :
저는 이미 늙었습니다.
힘도 없고 얼굴빛도 바래졌습니다.
눈도 잘 보이지 않고 귀도 잘 들리지 않습니다.
고타마여, 제가 헤매다가 죽지 않도록 해 주십시오.
원컨대 생과 늙음과 쇠약해짐을 뛰어넘으려면
어떻게 해야 합니까? 이법理法을 알고 싶습니다.

스승 :
핑기야여, 이 물질적인 형태가 있기 때문에 고통이 있다.
물질적인 형태가 있기 때문에 병과 같은 것으로 고민하게 된다.

핑기야여, 그렇기 때문에 그대는 게으르지 말고 부지런히
물질적인 형태에 대한 집착을 버리고
다시는 고통스러운 이 생존 상태로 되돌아오지 않아야 한다.

그러고 보면 인간의 몸이 큰 문제입니다. 이 몸을 입히고 먹이려고 갖은 고생을 하면서 살아가고 있는 것입니다. 자녀 교육에 속을 끓이는 것도 그 내면을 살펴보면 자녀에게 잘 먹고 잘 사는 길을 열어주기 위함입니다. 아무리 잘 입히고 잘 먹여도 육신은 늙고 병들고 죽음에 이르게 됩니다. 불교에서는 육신이 지수화풍 네 가지 원소로 되어 있다고 봅니다. 이 네 가지 원소가 모이고 흩어짐에 따라 몸의 인연구성이 변화한다고 합니다.

지地- 견고- 지持- 만물이 서로 저항하는 힘
수水- 습윤- 섭攝- 서로 끌어당겨 흩어지지 않게 하는 힘
화火- 난습- 숙熟- 부패를 방지하여 익숙하게 하는 힘
풍風- 행동- 장長- 만물이 생장하고 운동할 수 있는 힘

이렇게 네 가지 기운이 서로 영향을 주고받으면서 만물이 태어나고 유지하고 생장시키면서 변화를 이끕니다. 이러한 원리를 안다면 사대에 대한 지나친 집착에서 벗어나게 됩니다. 그럴 때 늙음과 죽음에 대한 두려움에서 벗어나고 고뇌에 찬 생존의 수레바퀴에서 벗어나고자 진리의 길에 들어설 것입니다.

열여섯 바라문들의 질문에 대한 총정리

열여섯 바라문, 부처님의 말씀을 듣고 도를 닦다

아지타, 티사 메티야, 푼나카, 메타구,
도타카, 우파시바, 난다, 헤마카,

토데야, 깝빠, 그리고 현자 가투깐니와 바드라부다,
우다야, 바라문 포살라, 그리고 현자 모가라자
위대한 선인 핑기야.

이들은 행실이 완전한 선인이며 눈이 열린 스승(佛)에게 가까이 왔다.
여러 가지 미묘한 질문을 하면서 가장 높은 부처님께 다가왔다.

그들의 질문에 따라 눈이 열린 부처님께서는 친절하게 답해 주셨다.
성인의 답을 들은 열여섯 바라문은 모두 마음 깊이 만족했다.

그들은 태양의 후예인 눈이 열린 분, 눈이 있는 분(佛)에게서 만족하고, 뛰어난 지혜가 있는 분 곁에서 맑고 맑은 도를 닦았다.

그들이 물은 질문 하나하나에 대해
깨어 있는 분이 가르쳐 준 말씀대로 실천하는 사람은
마침내 고뇌의 이 언덕에서 니르바나, 저 언덕으로 가게 된다.

부처님이 마가다국 파사나카 사당에 머무실 때 바바린의 제자인 열여섯 바라문의 질문에 따라 일일이 대답해 주신 내용입니다. 그들의 질문은 그 당시 수행자들이 늘 궁금해 하던 것이었으며, 오늘날에도 삶에 대해 진지한 사람이라면 누구나 갖기 마련인 삶의 근원적인 질문이었습니다. 질문 하나하나의 의미와 이치를 알고 실천한다면, 늙음과 죽음이 없는 피안에 이를 것입니다. 그래서 『숫타니파타』의 마지막 장을 '피안에 이르는 길'이라고 부릅니다.

저는 열여섯 바라문이 부처님께 진지하게 자신의 평소 의문을 여쭙고, 부처님의 말씀을 듣고 그 자리에서 지혜가 열리던 장면을 생각하면 눈물이 날 정도로 감동스럽습니다. "그들은 태양의 후예인 눈이 열린 분, 눈이 있는 분(佛)에게서 만족하고, 뛰어난 지혜가 있는 분 곁에서 맑고 맑은 도를 닦았다"는 대목에 이르러선 전율이 흐릅니다. 그리고 반성하게 됩니다. '나도 부처님처럼 이 시대 사람들에게 부처님 법을 널리 전하여 진리의 길을 함께 갈 수 있으면 얼마나 좋을까' 서원해 봅니다.

꽃 지는 나무에 그림자가 없다

『숫타니파타』해설이 벌써 대단원을 맞게 되니『벽암록』의 한 구절이 생각납니다.

꽃 지는 나무에 그림자가 없으니
보려 할 땐 누군들 못 보겠는가?
花謝樹無影　看時誰不見

"꽃 지는 나무에 그림자가 없다." 무슨 소식인지 이해할 수 있겠습니까? 나무의 근간은 뿌리, 기둥, 가지입니다. 그런데 잎과 꽃이 모두 지고 나면 가지가 앙상하게 드러납니다. 특히 가을바람이 불면 견디지 못하고 잎이 모두 떨어지고 맙니다. 그래서 가을바람을 '체로금풍體露金風'이라고 합니다. 이 바람이 초목을 시들게 하여 겨울의 휴식으로 이끕니다.

사람의 마음도 이런 순간의 체험이 있어야 합니다. 그러면 모든 것이 영원히 존재하는 줄로만 알다가 문득 덧없다는 것을 깨닫기 때문입니다. 무상을 아는 게 불교의 큰 공부입니다.

'그림자가 없다'는 것은 그 어떤 흔적도 남기지 않는다는 것, 완전함을 뜻하는 구절입니다. 빛이 있으면 그림자가 있고, 움직이면 흔적이 남기 마련이고, 생각하면 파장이 일어납니다. 그림자가 없다는 것은 근본까지도 사라져야 가능한 일입니다. 그런데 보려고 하면 누구든 볼 수 있습니다. 눈뜨면 광명천지입니다. 그런데 보고 싶다고 해서 볼 수 있느냐고 하는 문제가 따릅니다.

장님 코끼리 만지기 식은 옳지 않다

『벽암록』에는 다음과 같이 송이 붙어 있습니다.

눈이 멀어 버렸다.
장님 코끼리 만지기 식은 옳지 않다.
두 번 눈멀고 세 번째 눈이 멀어 버렸다.

瞎, 不可總扶離摸壁 再瞎 三瞎

우리는 본질을 잘 알지 못합니다. 대낮에 태양이 하늘에 떠 있어도 정면으로 보지 못합니다. 너무 눈이 부셔서 오래 보면 눈이 멀어버립니다. 꾸밈이 모두 벗겨진 본질을 알기가 어려운 이유이기도 합니다. 누구나 진리를 찾지만, 진리가 드러나면 겁을 내고 숨어버립니다. 저는 이 말을 두고 여러 날 동안 생각했습니다.

너무 거룩하고 높아도 가까이 하지 못합니다. 불교의 가르침이 깊고 넓어서 감히 공부할 마음을 낼 수 없다는 분도 있습니다. 불교 계율을 지킬 자신이 없어서 불교 신자가 될 엄두가 나지 않는다는 분도 있습니다. 그렇다고 해서 진리의 길을 모른 채 장님이 코끼리 만지듯이 전체는 모르고 자신이 만진 부분만 확대해석하여 옳다고 주장하며 산다는 것은 지혜로운 삶이 아닙니다.

불교에서는 인간 몸을 받아서 부처님의 가르침을 만나기 어려움을 맹구우목의 비유를 들어서 말합니다. 500년에 한 번씩 물 위로 떠오르는 눈 먼 거북이가 망망대해에 떠도는 구멍 뚫린 널빤지에 목을 쑥 넣을 정도로 인간 몸 받고 부처님 법 만나는 것이 희유한 일이라고 합니다. 그야말로 기적과 같은 일, 백천만겁에도 만나기 어려운 일입니다. 생각해 보면, 저 수를 헤아릴 수도 없이 많은 유정물 중에 인간으로 태어났다는 것도 희유한 일입니다. 게다가 여러 가지 종교 중에서 불교를 만나는 것도 깊은 인연이 아니고서는 힘든 일입니다. 오죽하면 맹구우목의 비유를 썼겠습니까?

한편 부처님 법을 만났다 해도 장님이 코끼리 만지듯 해서는 안 됩니다. 진리에 눈뜨신 부처님이 가르쳐 주신 대로 열심히 실천해서 우리도 부처님같이 내 안의 본래 불성을 찾아 니르바나의 저 언덕에 이르러야 합니다.

조금도 의혹을 갖지 않는다

저는 이제 틀림없이 어느 것과 비할 데 없고,
그 누구에게도 빼앗기지 않고,
그 어떤 것에도 흔들리지 않는 경지에 이를 것입니다.
이제 이 일에 대해 저는 조금도 의혹을 갖지 않습니다.
제가 이렇게 믿고 이해하고 있는 것을 증명해 주십시오.

열여섯 바라문이 부처님의 법문을 듣고 부처님과 자기 자신에게 한 다짐이 마지막 장을 장식하고, 핑기야의 말로써 『숫타니파타』의 대단원이 마무리됩니다.

핑기야가 부처님께 올리는 이 간절한 다짐과 확신을 흘려보내서는 안 됩니다. 이 모든 것을 증명해 주시기를 바라는 부처님에 대한 진실한 귀의와 믿음을 읽을 수 있어야 합니다.

지금까지 이 책을 읽어주신 분들께 감사드립니다. 돌아보면 많이 부족했고 스스로 아쉬움도 없지 않습니다. 하지만 이것을 자양분으로 하여 더 좋은 글과 법문을 할 수 있도록 노력할 것입니다. 핑기야의 기원처럼 저 또한 신심과 원력, 그리고 열정을 담아 법을 전할 것입니다. 이 세상을 살아가는 모든 사람, 모든 생명들이 행복하게 살아가기를 향축하며 끝을 맺습니다.

● 숫타니파타 해설

초기 경전 『숫타니파타』의 성립 배경

'숫타(Sutta)'는 '말의 묶음(經)', '니파타(Nipata)'는 '모음(集)'이라는 뜻으로, 두 단어가 합쳐져 '말의 모음집'이라는 의미를 갖고 있습니다. 다시 말해 숫타니파타는 경전을 모은 것이라는 뜻입니다. 설법의 모음이라는 의미 외에도 경전 자체의 집합이라는 뜻도 지닙니다. 옛날에는 종이가 없었기 때문에 대나무를 얇게 잘라 다듬어서 표면에 글을 쓴 후에 끈으로 묶어서 책장을 넘기듯 사용하였습니다. 이런 방식은 인도나 티베트, 중국은 물론이고 남방불교에서도 애용되었습니다.

『숫타니파타』는 『법구경』, 『아함경』 등과 함께 불교의 많은 경전 중에서도 가장 초기에 이루어진 경전이라는 점에서 그 중요성과 의미가 크다 하겠습니다.

이 경전이 이루어진 배경을 살펴보도록 하겠습니다.

부처님이 열반하신 뒤 제자들은 부처님의 가르침을 간추려 간결한 산문의 형태로 묶었습니다. 인도는 문서로 기록하기보다는 암송하여 입으로 전해지는 '구전(口傳)'의 풍습이 있었습니다. 처음에는 부처님이 즐겨 쓰던 마가다어(북인도 마가다 지방에서 사용한 토속어)로, 또는 마가다어의 영향력이 큰 속어의 일종으로 구송되다가 그 후 팔리어로 정착되었습니다. 현재는 팔리어 성전聖典(남전대장경)으로 전해지고 있습니다.

『숫타니파타』처럼 시와 짧은 글귀로 결집되어 전해진 또 하나의 경전이『담마파다(Dhammapada)』, 즉『법구경』입니다. 이러한 경전들은 대개 아쇼카 왕(기원전 268년에 즉위 232년까지 다스림) 이전에 성립된 것으로 보는데, 그 중에서도『숫타니파타』는 가장 오래된 경전입니다. 학계에서는 제4장 '여덟 편의 시'와 제5장 '피안에 이르는 길'은 다른 장보다 훨씬 일찍 이루어진 것으로 보고 있습니다.

부처님의 설법이 일시에 '숫타니파타(經集)'로 한꺼번에 형성된 것은 아니고 각 장이 따로따로 전해지다가 어떤 시기에 와서 하나의 '경집'으로 묶여졌습니다. 부처님 당시 초기에는 여성의 출가를 허락하지 않았습니다. 이 경전에서 '비구니'에 대한 언급이 전혀 없는 것만 봐도 비교적 초기의 말씀임을 알 수 있습니다.

『숫타니파타』의 구성과 내용

『숫타니파타』는 모두 1,149수의 시를 70경에 정리하고 다시 다섯 장으로 나누어 놓았습니다. '뱀의 비유(蛇品)' '작은 장(小品)' '큰 장(大品)' '여덟 편의 시(義品)' '피안에 이르는 길(彼岸道品)' 등 다섯 장으로 나뉘어져 있는데, 이 중에서 '여덟 편의 시'와 '피안에 이르는 길' 등 세 장은 처음에는 독립된 경전으로 유포되었던 가장 오래된 초기 경전입니다.

첫째, '뱀의 비유'는 열두 개의 경으로 되어 있습니다. 그 중 제1경에 '이 언덕과 저 언덕을 모두 떠난다. 뱀이 묵은 허물을 벗어 버리듯.'이라는 구절이 되풀이되듯이 뱀이 허물을 벗은 후에는 그 허물을 소중히 여겨 찾을 필요를 느끼지 않음을 비유로 들었기 때문에 '사경蛇經'이라고 부릅니다.

제2경은 '소치는 다니야'로 16편의 시구로 된 경입니다.

제3경에는 독신 수행자를 위해 모든 집착을 버리고 '무소의 뿔처럼 혼자서 가라'는 유명한 구절이 나옵니다. 이 경전에서는 후렴구처럼 반복하여 상징적인 어구를 사용하여 암송을 용이하게 함과 동시에 주의를 집중시키는 효과를 의도하고 있습니다.

둘째, '작은 장'은 비교적 짧은 열네 개의 경을 담고 있습니다. 제11경은 8편의 시로 되어 있고, 부처님이 아들 라훌라를 위해 말씀하신 부분도 있습니다. 부처님의 아들이라고 해서 함께 있는 승단의 선배들을 가볍게 보거나 교만한 생각을 가져서는 안 된다고 타이르는가 하면, 다시는 세속에 돌아가지 말라고 간곡히 당부하고 있습니다. 아버지로서, 교단의 스승으로서 라훌라를 대하는 자세는 우리에게 많은 것을 느끼게 합니다. 오늘날 자녀교육에 시사하는 바가 큽니다.

셋째, '큰 장'에는 상당히 긴 열두 개의 경이 실려 있습니다.

제1 '출가경' 제2 '정진경' 제11 '나라카경' 등 세 경은 부처님의 전기에 대한 가장 오래된 자료입니다. 제9 '바세타경'에서는 출신에 의해 바라문(제1계급)이 되는 것이 아니라, 그가 하는 행위에 의해 바라문도 될 수 있고 천민도 될 수 있다고 함으로써 행위에 대한 의식을 강조하고 있으며, 4계급이 본래로 평등한 이치를 여러 가지 비유를 들어 설명하고 있습니다. 또한 제12 '두 가지 관찰'은 소박한 형식으로 모든 사물의 기원과 유래를 설명하고 있습니다.

넷째, '여덟 편의 시'는 여덟 편의 시로 이루어진 경이 많기 때문에 붙여진 이름입니다. 특히 두 번째의 '동굴'과 세 번째의 '분노' 등은 여덟 편의 시로 이루어져 있습니다. 이 경은 16경으로 구성되어 있었는데, 한역『의품경義品經』이 바로 이 경을 말합니다.

다섯째, '피안에 이르는 길'은 앞의 경전들과는 달리 전체가 통일성을 지니고 있습니다. 열여섯 바라문들이 한 사람씩 부처님께 물으면 대답해 주는 문답식 16절과 서序와 결結을 합해 18절로 되어 있습니다.

팔리어로 된 성전 중에는 수많은 '말의 묶음'이 있는데 이 경만을 '경집'이라 부른 까닭은, 다른 경전에는 그 나름의 특정한 이름이 있지만 이 경에는 그러한 이름이 없어 경집이라 불리게 되었으리라 추측하고 있습니다. 그리고 이 경집에는 '닛데사(Niddesa)'라는 오래된 주석서가 4장과 5장, 그리고 1장 제3경에 대한 주석의 역할을 하고 있습니다. 이 닛데사의 성립 시대인 아쇼카 왕 시대에는 아직도 경집 전체가 정리되지 않았기 때문입니다.